Das Buch

Der hier spricht, ist nicht der streitbare Kirchenkritiker, sondern der Psychotherapeut und behutsame Seelsorger Eugen Drewermann. Seine vierundvierzig Meditationen sind entstanden aus der täglichen Erfahrung mit Menschen, als Antwort auf ihre Fragen, ihre Not und ihre Verzweiflung. Mit Hilfe von Worten aus der Bibel, die durch seine poetische Auslegung neues Leben gewinnen, nähert sich Drewermann der Struktur des Menschen, wie sie sich darstellt in Gut und Böse, Schuld und Vergebung, Verzweiflung und Trost. Er spricht von dem langen Weg des Menschen zu sich selbst, von dem Gefühl der Minderwertigkeit und des Versagens, aber auch von dem Glück des Vertrauens und von der Verwandlung durch die Liebe. Für alle, die sich auf diese Meditationen einlassen, eröffnen sich tiefe Einsichten in unser Dasein und die Möglichkeit, das Leben erfüllter und glücklicher zu gestalten. «Wohl eins der schönsten Bücher Drewermanns, für Leser, die sein Verständnis von Heilung durch Religion interessiert.» (Leopold Glaser)

Der Autor

W0110088

Eugen Drewermann, geboren 1940 in Bergkamen bei Dortmund, studierte Philosophie, Theologie und Psychologie und habilitierte sich in katholischer Theologie. 1991 Predigtverbot und Suspension vom Priesteramt. Er ist heute als Privatdozent, Schriftsteller und Therapeut tätig. Zahlreiche Veröffentlichungen, darunter ‹Tiefenpsychologie und Exegese› (1984), ‹Das Markusevangelium› (1987), ‹Kleriker› (1989), ‹Ich steige hinab in die Barke der Sonne› (1989), ‹Das Matthäusevangelium› (1992), ‹Glauben in Freiheit› (1993), ‹Worum es eigentlich geht› (Neuausgabe 1994) und Grimmsche Märcheninterpretationen.

Eugen Drewermann:
Was uns Zukunft gibt

Vom Reichtum des Lebens

Herausgegeben
von Andreas Heller

Deutscher Taschenbuch Verlag

Von Eugen Drewermann sind im Deutschen Taschenbuch Verlag
erschienen:
Kleriker (30010)
Tiefenpsychologie und Exegese I (30376)
Tiefenpsychologie und Exegese II (30377)
Worum es eigentlich geht (30404)
«Ich steige hinab in die Barke der Sonne» (30437)
Giordano Bruno oder Der Spiegel des Unendlichen (30465)
Lieb Schwesterlein, laß mich herein (35050)
Rapunzel, Rapunzel, laß dein Haar herunter (35056)

Ungekürzte Ausgabe
1. Auflage November 1995
2. Auflage Mai 1996: 10. bis 15. Tausend
Deutscher Taschenbuch Verlag GmbH & Co. KG, München
© 1991 Walter-Verlag, Olten
ISBN 3-530-16903-X
Umschlaggestaltung: Dieter Brumshagen
Umschlagfoto: Peter Frey
Satz: Jung Satzcentrum GmbH, Lahnau
Druck und Bindung: C. H. Beck'sche Buchdruckerei, Nördlingen
Printed in Germany · ISBN 3-423-30502-9

Inhalt

Zur absichtslosen Güte fähig werden

Vorwort des Herausgebers

Die vorliegenden Meditationen Eugen Drewermanns wurden in den letzten Jahren in loser Reihenfolge veröffentlicht.

Erwachsen sind sie aus den alltäglichen Erfahrungen mit Menschen. Erzählt wird von den langen Wegen des Menschen zu sich selbst, von den angstgeladenen Gefühlen der Minderwertigkeit und dem Glück, sich in einem bedingungslosen Vertrauen berechtigt und gewürdigt sehen zu können. Die menschlichen Strukturen des Bösen und des Guten werden poesievoll in Bilder und Gestalten der Bibel, zu Anlässen des Kirchenjahres, zu Geschichten und Einsichten der Weisheit in Beziehung gesetzt.

In den Texten verdichten sich grundlegende menschliche Erfahrungen von bodenloser Angst, quälendem Zweifel, von wärmender Zuversicht und beglückender Liebe. Diese Kleinode der theologisch-therapeutischen Sprachkunst atmen ein Vertrauen in die Möglichkeiten des Menschen. Jeder Mensch, so wird in immer neuen Anläufen beschwörend deutlich, vermag sein eigenes Leben zu finden. Auf der Suche nach sich selbst reift er vor allem in der Liebe zu seiner eigenen Bestimmung aus. In der liebenden Begegnung kommen Menschen einander und Gott näher. Hier beginnen sie das Geheimnis ihres Lebens, das Wesen der Welt zu spüren. Einander zugewandt geben sie sich Zukunft, finden sie den Reichtum des Lebens. Die Liebe verwandelt und verzaubert die Menschen und läßt sie unverstellt die bergende Weite Gottes erleben.

Im inhaltlich reichhaltigen und literarisch vielfältigen Schaffen von Eugen Drewermann kann dieses Buch eine wichtige Ergänzung sein, einfache Einstiegslektüre und wertvolle Vertiefung in einem. Die gesammelten Texte können Nahrung sein für den Alltag des Lebens, weil durch sie Gedanken fühlbarer und Gefühle denkbarer werden.

Wien, im August 1990   Andreas Heller

Sich selbst als Person verstehen lernen

Im Wort Gottes gehalten

Nur wenig in unserem Leben läßt sich verstehen, solange wir es allein nach den Maßstäben von Zweck und Ursache beurteilen. Der Blick der Liebe öffnet das Eigentliche, und im Grunde entspricht uns einzig diese existentielle Poesie der Liebe: man steht einem fremden Dasein gegenüber und weiß doch genau, daß hier etwas Einmaliges, absolut Vertrautes und wesenhaft Verwandtes uns gegenübersteht, das wir in immer neuen Bemühungen zeichnen und beschreiben müssen, um es zu verstehen.

Wer ist der andere wirklich?

Wir sehen die Schönheit seiner Gestalt, wir vernehmen den Klang seiner Stimme, wir versuchen, den Gehalt eines flüchtig dahingeworfenen Wortes zu erfassen, wir erkennen natürlich auch seine Fehler und Schwächen. All diese Bemühungen gelten einzig dem Ziel, uns der Einmaligkeit und unwiederholbaren Notwendigkeit dieses anderen, des «Nächsten», zu versichern; so, als müßten wir es erst langsam lernen, seinen Namen mit allem Liebenswerten anzufüllen. Wie in einer nicht endenden Litanei müssen wir in der Liebe den Namen des anderen wiederholen, denn nur in diesem Namen können wir das Wort miterleben, das Gott sprach, als er den anderen erschuf und mit ihm die ganze Welt.

Wenn es heißt, daß alles Geschaffene durch das Wort Gottes selbst existiert, dann wird darin die Überzeugung von der grundsätzlichen Liebesfähigkeit und Liebenswürdigkeit aller Dinge ausgedrückt. Ganz besonders sagt es uns, daß wir mit unserem Leben im Grunde einer uns zwar noch nicht wirklich bekannten, aber doch bereits vollendeten Dichtung beiwohnen, wir selber teilhaben an einem tiefen Prozeß des liebenden Erkennens und Benennens. Mag sein, daß wir ganz und gar nicht wissen, was ein Leben wie das unsere für einen Sinn oder für eine Bedeutung haben soll. Wir sind im Gegenteil vielleicht fest davon überzeugt, daß wir mit unserem Dasein eigentlich vollkommen überflüssig oder jedenfalls unbedeutend sind – dennoch sollten wir uns das Wort aus dem Johannesevangelium vor Augen halten: «Nichts, das geworden ist, ward *ohne* das Wort» (Joh 1,3) – das liebende, lebensweckende, schöpferische Wort Gottes. Gott hat auch über unser Leben ein ganz bestimmtes Wort der Poesie, der Liebe und der Weisheit ausgesprochen.

Es gibt wohl keinen Gedanken, der eine tröstlichere Antwort auf die Unheimlichkeiten unseres Lebens enthielte. Um jeden Zweifel zu beseitigen, daß wir wirklich in absolutem Sinne mit *unserem* Leben gemeint sind, fährt Johannes, wiederum mit außerordentlicher Dichte und Kühnheit, fort: «Und das Wort ist Fleisch geworden und hat sein Zelt unter uns aufgeschlagen» (Joh 1,14). Es ist die Person Christi, die uns als die Mensch gewordene Liebe Gottes das ewige Wort der Annahme und Hingabe für jeden einzelnen von uns bezeugt. Christus verkörpert in seinem Leben wirklich alles, was Gott uns zu sagen hat. Er lehrt uns eindringlich eine neue Weltsicht: unser ganzes Leben zu betrachten wie ein Wort aus Gottes Mund, gesprochen in die Ewigkeit. Von dem historischen Leben Jesu wissen wir nicht viel. Und doch ist dieses wenige genug, um zu sehen, daß es Christus immer wieder um die gleichen Grunderfahrungen im Umkreis eines wahren Wortes Gottes über unser Leben ging.

Etwa das Wort der Vergebung der Sünden.

Wie oft ziehen wir uns in einem Netz von Halbwahrheiten nur immer tiefer in die Schuld hinein; und wieviel Mut gehört dazu, endlich sich selber einzugestehen, wohin wir gelangt sind! Ein solcher Schritt ist durchaus nicht möglich ohne ein ungewöhnliches Maß an Vertrauen. Gerade diesen Eindruck muß Christus vermittelt haben: wir dürfen bei ihm offen sprechen, und zwar nicht gewissermaßen nur aus menschlicher Sympathie zu ihm, sondern weil man spürt, daß es anders einfach nicht mehr geht.

In der Nähe Christi konnte man spüren, daß Gott mit sich reden läßt, und zwar ausnahmslos über alles; und daß unser Leben sich ordnet, wenn wir es nur einmal vorbehaltlos vor Gottes Angesicht aussprechen.

Oder das Gebet des Herrn.

Wie oft ist es uns dunkel und müde und leer oder überfüllt mit fremden Interessen, Wünschen und Forderungen. In der Nähe Jesu kann man lernen, zur Ruhe zu kommen im Gespräch mit Gott, mehr noch, in Momenten der Stille zu hören, wie es in uns selbst zu reden anfängt; so wie es Paulus einmal ausgedrückt hat: «Wenn wir nicht wissen, worum wir beten sollen, dann tritt der Geist Gottes für uns ein, indem er mit unaussprechlichen Seufzern in uns redet: Abba, lieber Vater» (Gal 4,6).

In der Nähe Jesu kann man lernen, die Hände auszustrekken und zu sagen: «Vater, leg in meine Hände, was du willst; nimm fort aus meinen Händen, was du nicht willst, und führe mich an deinen Händen meinen Weg.» Immer wieder haben später Paulus und die Urkirche von der Redefreiheit gesprochen, die wir vor Gott in Christus haben; es ist nur die andere Seite der Erfahrung, daß unser ganzes Leben im Wort Gottes ruht, weil Gott in allem mit uns reden will und mit sich reden läßt.

Oder die Gleichnisse Jesu.

Sie sind ein einziger Versuch, uns die schöpferische Poesie des Wortes Gottes inmitten dieser Welt zu lehren und alles, auch so scheinbare Nebensächlichkeiten wie Fischfang, Brotbacken und Pflügen, in einer Weise zu beschreiben, daß sie uns von Gott erzählen.

Es ist die Innigkeit der Religion, die alles in den Augen Jesu zur Dichtung werden läßt, zum Ort und Wort der Wahrheit, der Existenz, der persönlichen Hingabe und Annahme.

Wenn wir unter der Erziehung Jesu Christi dahin kommen, uns selbst zu sehen wie etwas, das Gott in diese Welt hat sagen wollen, so wäre in der Tat das Leben reich und schön und voller Hoffnung. Es wäre selbst ein Gleichnis für die Allmacht jenes Wortes, das Gott selber ist und das in Christus lebte.

Am Anfang war das Wort

Man kennt die Mühe, die Goethes «Faust» überkommt, wenn er die Worte aus dem Johannes-Evangelium übersetzen will: «Im Anfang war das Wort» (Joh 1,1).

«Ich kann das Wort», denkt Faust, «so hoch unmöglich schätzen, ich muß es anders übersetzen, wenn ich vom Geiste recht erleuchtet bin. Geschrieben steht: im Anfang war der Sinn.» Aber dann überlegt er: «Ist es der Sinn, der alles schafft? Es sollte stehn: im Anfang war die Kraft.» Aber so kann es auch nicht sein; eine rohe Energie für sich ist nicht schöpferisch. Da endlich weiß sich Faust doch Rat und schreibt: «Im Anfang war die Tat.»

Das dichterische Genie Goethes rät gar nicht so falsch. Denn wirklich meint die Bibel, wenn sie vom *Wort Gottes* spricht, nicht bloße Rede, sondern Schöpfung und Tat. Wie das Wort eines obersten Richters, in Vollmacht gesprochen, indem es den Sinn eines Gesetzes verkündet, Realität *setzt,* so wird, wenn Gott spricht, mit höchster Kraft, geleitet von Vernunft und Sinn, etwas an Wirklichkeit in diese Welt hineingesetzt: daß wir leben, weil Gott gesagt hat, daß es so sein soll. Das heißt: «Im Anfang war das Wort»; eine unbedingte Kraft leitet uns, unser Leben wird von einer uns unbegreiflichen Weisheit gestaltet.

Beim Wort Gottes geht es auch um unser armseliges Menschenwort. Was Gott zu «sagen» hat, betrifft uns, weil wir Menschen sprachfähig sind. Nichts bestätigt mehr die Ansicht, ist so sehr uns Menschen eigentümlich, wie die Fähigkeit zu sprechen. Essen, schlafen, kämpfen, träumen, lieben, hassen, sich erinnern – all das können in analoger Weise Tiere auch; sogar arbeiten, nachdenken, lernen und erfinden sind Tätigkeiten, die sich in etwa auch im Tierreich beobachten lassen. Das einzige, was uns von allen Lebewesen der uns bekannten Welt wirklich unterscheidet, ist das Sprechen. Manchmal erleben wir, staunend und erleichtert, mitten im Alltag noch einmal nach, wie ein Wort uns vermenschlicht. Ein Tier, wenn es Angst hat, kann schreien oder fliehen. Wir Menschen aber können uns hinsetzen und sprechen; wir können die Gründe unserer Angst zur Sprache bringen, lallend und stockend oft, und doch beruhigend und klärend. Wir erleben, daß wir der Angst Herr werden können, wenn wir deren Stimmungen in Worte fassen und das sonst Unfaßbare aussprechen.

Ein Tier, wenn es gereizt wird, greift an oder knurrt. Wir Menschen können sagen, was uns stört. Uns müssen die Emotionen nicht fortreißen. Wir können ein Gespräch beginnen, und mit jedem Wort merken wir, wie der Andrang sich beruhigt, wie der Schwall sich verläuft und Übersicht und Nüchternheit zurückkehren. Das, was wir besprechen können, wird für uns beherrschbar, so daß wir schließlich nicht nur reden, sondern sogar hören können.

Die vielleicht wichtigste Entdeckung unseres Jahrhunderts war die Feststellung, daß Menschen von schwersten Erkrankungen geheilt zu werden vermögen, wenn sie nur dazu finden, von ihren Ängsten, von ihren verschütteten Antrieben und Erlebnissen, von ihren Wünschen und Sehnsüchten zu sprechen, und daß es darauf ankommt, die so peinlich gehüteten und vor unserem eigenen Ich am besten versteckten Empfindungen und Neigungen einmal aussprechbar zu machen, indem man das seit jeher Unaussprechliche mit Wortvorstellungen verbindet.

Aus der Lebensbeschreibung eines blinden und taubstummen Mädchens der Jahrhundertwende wissen wir, was es bedeutet, zum erstenmal die Fähigkeit der Sprache zu entdecken. Oft schon hatte man *Helen Keller* gezeigt, daß bestimmte Bewegungen ihrer Finger ein Wort ergäben, aber sie hatte nie begreifen können, was ein Wort ist. Eines Tages nun machte ihre Lehrerin mit ihr einen Spaziergang. «Sie brachte mir den Hut», liest man in ihren Erinnerungen von 1902, «und ich wußte, daß ich in den warmen Sonnenschein hinausgehen würde. Dieser Gedanke, wenn man eine wortlose Empfindung überhaupt so nennen darf, ließ mich vor Vergnügen hüpfen und springen. Wir gingen den Pfad zum Brunnenhaus hinunter, angezogen vom Duft des Geißblattes, mit dem es überwachsen war. Jemand pumpte gerade Wasser, und meine Lehrerin hielt meine Hand unter den Strahl. Als der kühle Strom über meine Hand floß, schrieb sie in die andere das Wort Wasser, erst langsam, dann schnell. Ich hielt still, meine ganze Aufmerksamkeit konzentrierte sich auf die Bewegung ihrer Finger. Plötzlich empfand ich ein nebelhaftes Bewußtsein wie von etwas Vergessenem – den Schauer eines wiederkehrenden Gedankens, und irgendwie offenbarte sich mir das Mysterium der Sprache. Da wußte ich auf einmal, daß W-a-s-s-e-r jenes wunderbare kühle Etwas meinte, welches mir über die Hand floß. Dieses lebendige Wort erweckte meine Seele, schenkte ihr Licht, Hoffnung, Freude und machte sie frei! Es gab zwar noch Schranken, aber die ließen sich mit der Zeit beseitigen. Ich verließ das Brunnenhaus voller Lerneifer. Jedes Ding hatte seinen Namen, und jeder Name gebar einen neuen Gedanken. Als wir nach Hause zurückkehrten, schien jedes Ding, das ich berührte, vor Leben zu zittern. Das rührte daher, daß ich alles mit dem seltsamen neuen Sehvermögen, das mir zuteil geworden war, sah.»

Es ist die gleiche Entdeckung, die vielleicht vor 300 000 Jahren unsere Vorfahren gemacht haben, als sie, vermutlich irgendeinen magischen Gegenstand umtanzend und dabei ekstatisch lallend, herausfanden, daß sie die gleichen Empfindungen auch ohne den Kultgegenstand durch einen bloßen Laut, der ihn bezeichnet, jederzeit wiederholen konnten; daß alle Dinge zu uns in eine innige Beziehung treten und zu uns gehören, wenn wir ein Wort für sie in uns tragen; daß sie sich uns aufschließen und mit uns zu reden anfangen, wenn wir sie benennen und ihnen einen Namen geben können; daß alles für uns «ansprechend» wird, wenn wir beginnen, in menschlichen Worten die Dinge auszudrücken. Keine Erfindung am Anfang der Menschheit ist grundlegender, schwieriger und folgenreicher als die Entdeckung der Sprache gewesen. Auch heute, wo wir über ein vollständiges, hochgradig geordnetes und sinnreiches System von Sprache verfügen, brauchen wir viele Monate, um ein Neugeborenes in den Stand zu versetzen, sein Plappern und Lallen zu festgelegten Lauten mit einer festgelegten Bedeutung im Rahmen festgelegter Regeln zu formen.

Vor diesem Hintergrund ist der Gedanke des Johannes ungeheuerlich: «Im Anfang war das Wort.» Es ist eine Weltsicht, wie sie in dieser Weise nie bestanden hat, vor allem, wenn Johannes noch hinzufügt: «Und Gott war das Wort.»

Beim Namen gerufen

In unserem Leben fällt es uns unglaublich schwer, so zu denken: alles, was uns umgibt, sei wie ein Wort Gottes *an uns;* in allem *spreche* Gott, in allem lebe ein Stück seines Geistes. Allenthalben stehen wir in der Gefahr, aus lauter Angst, Bereiche der Wirklichkeit zu verdrängen, aus Ekel zu fliehen, aus Scham zu verschweigen, ihnen gewissermaßen also das *Wort* zu verbieten. Und nun gar zu denken: alles in der Welt existiere überhaupt nur, weil Gott selbst es zur Sprache bringen wollte! Doch gerade dies meint der Evangelist Johannes, wenn er im Prolog seines Evangeliums sagt: «Nichts, was geschaffen ward, ward ohne das Wort» (1,3).

Was haben wir Menschen nicht alles unternommen, um herauszufinden, welchem Zweck bestimmte Erscheinungen der Natur wohl dienen könnten. Und doch sind wir dabei niemals weiter gekommen, als daß wir bestimmte allgemeine Gesetzmäßigkeiten hätten formulieren können, etwa den Satz von der Erhaltung der Energie oder die verschiedenen Hauptsätze der Thermodynamik. Trotz all dieser Theoreme sind wir aber außerstande, einen wirklichen Grund für die Existenz des Kieselsteins am Bachbett, des Dinosauriersklettes im Museum oder die Platane im Stadtpark anzugeben. Gewiß, wir können bestimmte zufällige Ursachenkombinationen dafür aufzählen. Aber die einfache Umkehrprobe zeigt, daß auf diese Weise die Existenz des Kiesels, des Dinosauriersklletts oder der Platane letztlich nicht zu begreifen ist: wenn es diese Dinge nicht gäbe, kämen wir niemals darauf, daß es sie geben müßte. Die Dinge haben in diesem Sinne keine notwendigen Ursachen, die sie hervorgebracht hätten; mit ihnen ist kein erkennbarer Zweck verbunden, für den sie schlechthin notwendig sein müßten. Bestimmte Bedingungen haben sie ermöglicht; aber daß es sie wirklich gibt, bleibt für uns ein unlösbares Rätsel.

Gleichwohl ziehen die Dinge uns gerade deshalb nur noch mehr in ihren Bann und lassen uns nicht los. Wenn wir die Dinge in ihrer letzten Notwendigkeit bedenken, beschreiben und zu erfassen versuchen, entsteht Poesie, Dichtung. Nur das dichterische Wort vermag offenbar ein einzelnes Wesen als in *sich notwendig* auszusprechen. Wenn ein Dichter einen Kiesel beschreibt, wie er silbern schimmernd am Flußufer liegt, wie die Wellen ihn umspülen und ihn mit der geduldigen Sanftmut von Jahrtausenden glätten, wie er mit undurchdringlicher Selbstverständlichkeit einfach daliegt und *ist,* verlieren sich unsere wissenschaftlichen Fragen nach Ursache und Zweck, und wir beginnen, an die unabdingbare Notwendigkeit gerade dieses Kiesels zu glauben. Für jeden beliebigen anderen Kiesel mag nach wie vor gelten, was Geologie und Chemie von ihm sagen: er sei ein Silikatgemisch von bestimmter Menge, Zusammensetzung und Größe. Aber von einem Kiesel, den wir durch die Worte eines Dichters kennenlernen, wird das nicht gelten, von ihm wissen wir, daß es ihn geben *muß.* Die dichterischen Worte haben den anscheinend so unscheinbaren Stein in seiner nie geahnten Einzigartigkeit offenbar gemacht, fast könnte man sagen, wir hätten ihn liebgewonnen. Es fehlt nicht viel, und so erfinden wir für ihn einen Namen, der nur ihm gehört. Ist es nicht eine Beleidigung, etwas nur mit einem Gattungsbegriff anzureden? Wenn ein Lehrer ein Kind in der Schule, um es zu kränken, nicht mit seinem Vornamen anredet, sondern ihm zuruft: «Mensch, paß auf!»?

Die frühesten Worte der Menschheit dürften *Namen* gewesen sein, Benennungen, die jedem Ding sagen wollen: «Ich kenne dich; du gehörst zu meinem Leben; du bist *mein* Baum, *mein* Stein, *mein* Blatt, du trägst jetzt *meinen* Namen; und daher weiß ich, daß es dich geben *muß;* für *mich* muß es dich geben.»

«Nichts, was geworden, ward ohne das Wort» – nach diesem Satz des Johannesevangeliums ist Gott wie ein umfassender, alles umgreifender Künstler, der seine Freude daran hat, jedes einzelne Wesen für sich zu beschreiben und es gerade damit als in sich wichtig, ja als notwendig zu erweisen. Es ist eine Formel zwischen der abstrakten Geistigkeit der Gesetzmäßigkeiten und Notwendigkeiten der Naturwissenschaften, in denen das Einzelne als unbedeutend untergeht, und der geistlosen Zufälligkeit des nur Individuellen, das sich jeder Erfassung und Begreifbarkeit entzieht. Johannes meint, dies sei der letzte Grund der Dinge: daß Gott mit ihnen spricht, daß Gott selber sich in ihnen ausspricht, daß er jeden einzelnen von uns beim Namen ruft (Joh 10,3). Die Antwort auf die zahllosen Rätsel und Schrecken der Natur liegt in dem Gedanken eines ewigen Zwiegesprächs Gottes mit seinen Kreaturen in ihren zahllosen Unbegreiflichkeiten und wunderbaren Spielen. Welch eine andere Antwort sollte man auch sonst auf die Frage finden können, warum es den nahezu unglaublichen Phantasiereichtum der Schöpfung gibt?

Manche Naturforscher meinen, der Sinn der Evolution liege darin, so viel an Möglichkeiten zu verwirklichen, wie nur irgend möglich, und in jedem Lebewesen, von den Seerosen bis zu den Makaken, sei ein Drang angelegt, sich so vollkommen zu entfalten und auszureifen, wie es die Umstände gerade noch gestatteten. Diese Auskünfte, so nüchtern sie anmuten, rühren doch unmittelbar an die Weltsicht des Theologen, an das Geheimnis allen Schöpfertums und an die Quelle aller Phantasie. Dies ist nicht weit entfernt von dem Gedanken der Psalmen, daß Gott die Meeresungeheuer geschaffen habe, um über sie lachen zu können (Ps 104,26).

Ein jedes Ding ist, so betrachtet, *notwendig,* es ist fortan nicht wegzudenken, sowenig wie die kleine Zugbrücke von Langlois oder das Café von Arles, wenn es erst ein *Van Gogh* gesehen und gemalt hat. *Alles* muß sein, wenn Gott selbst es durch sein schöpferisches Dichterwort gestaltet hat.

Geist und Sprache

Eine der großen Wahrheiten des Pfingsttages besteht in der Einheit zwischen dem Glauben an den Geist und der Zuversicht, mit dem Mittel menschlicher Sprache einander sich verständlich zu machen. Denn ein und dasselbe ist die Geistigkeit unseres Lebens und die Fähigkeit, miteinander menschlich zu sprechen.

Woher die menschliche Sprache kommt, weiß niemand genau. Manche Forscher meinen, sie könnte entstanden sein, als vor vielen Hunderttausenden von Jahren Menschengruppen um einen heiligen Gegenstand in Tanz und Anbetung sich versammelt hätten und dabei so sehr in innere Erregung geraten seien, daß stammelnde Worte aus ihnen hervordrangen. Ihre Glieder seien ergriffen worden von rhythmischem Tanz, und dieses Erlebnis habe sich so tief ihrer Seele eingeprägt, daß schließlich auch unabhängig von dem Gegenstand göttlicher Verehrung − vom Feuer vielleicht, als man's zuerst entdeckte − später dieselben Laute und Bewegungen noch einmal die gleichen Gefühle, dieselben Erinnerungen und Erfahrungen vor dem geistigen Auge hätten Gegenwart werden lassen. Möglich ist es, so zu denken. Es würde bedeuten, daß die menschliche Sprache ihren tiefsten Grund in der Religion besäße und daß ihre vornehmste Aufgabe darin bestünde, eine so dichte Poesie der Welt zu vermitteln, daß darin Göttliches gegenwärtig wird. Tatsächlich überliefern in diesem Sinne viele Mythen der Völker, die menschliche Sprache (und später die Kunst, sie aufzuschreiben) sei ein Geschenk der Götter selber, und sie erzählen, daß am Anfang der Welt die Menschen imstande gewesen seien, alle Lebewesen ringsum sprechen zu hören.

Diese Ergriffenheit des Herzens, die sich mitteilt im Wort, muß man spüren, um das Sprachenwunder des Pfingsttages zu begreifen. Man wird dann sogleich den Abstand ermessen, den unsere Sprache aufrichtet zwischen Innen und Außen, zwischen Ich und Du, zwischen unserer Seele und der Gottheit, die in ihr Wohnung nehmen möchte. Nichts in der Gegenwart ist wohl schrecklicher zu sehen und tiefer zu beklagen als die fast allerorten um sich greifende, ja systematisch durchgeführte Zerstörung der Sprache.

Wie denn redet «man» miteinander, wenn nicht in der Sprache des «man»? Kaum, daß noch jemand wagt, sich selber zur Sprache zu bringen und mit der eigenen Person sich dem anderen zuzumuten. Viel leichter scheint es, und viele Schwierigkeiten scheinen wie weggewischt, wenn die Rede nur noch davon ist, was «man» machen muß, wie «es» zu sein hat – die Sprache scheinbar der objektiven Vernunft, der kollektiven Legitimation; aber es handelt sich um eine durchaus rechthaberische, grausame und zwangsbesetzte Sprache. So etwa kann ein Mann vor seiner Frau mit den Worten hintreten: «Du mußt doch wissen, wie man leben soll! So macht man das nicht! Man macht das so! Man sollte überhaupt wissen, wie man sich benimmt!» Immer drauf mit der Keule des «man muß», «man ist», «man hat», «man tut»! Es sind in solchen Redensarten nicht Personen, die sich begegnen, man hat es mit dem Aufeinanderprall fertiger Apparate zu tun, die jedes menschliche Gefühl zerfasern und zerstören.

Manche Deutschlehrer beklagen, daß ihnen ihre Schüler vorkämen wie Fremdsprachler, die im Unterricht offenbar nur bis zur dreißigsten Lektion der deutschen Sprache gelangt seien. Es kämen, sagen sie, in der Sprache ihrer Schüler nur noch Hauptsätze im Indikativ und in Befehlsform vor; es gäbe darin nicht mehr Wunschsätze, Bedingungssätze, Möglichkeitssätze, es gäbe keinen Irrealis, keinen Konjunktiv, also auch kein Bewußtsein darüber, daß jede Aussage abhängig ist von Bedingungen, daß man nicht sagen kann: «Dies ist so», bestenfalls: «Es erscheint mir unter der Bedingung, daß – in dieser Weise, und ich glaube, es könnte sein, wenn ich's vergleiche...» – Es gibt in der Sprache der fertigen Aussagen keinen Freiraum mehr für Überraschung, Austausch und Lernen.

Man sage nicht, es handle sich hier um ein typisches Problem von Deutschlehrern, von ein paar abseitigen Literaten oder von ein paar unverbesserlichen Volksaufklärern. In Wahrheit handelt es sich um ein Problem der Theologen, der Psychologen, ja bereits der Psychiater. Denn wenn wir nicht wagen, unsere Gefühle in der Sprache mitzuteilen, wenn wir unsere Erlebniswelt immer weiter komprimieren auf die Welt der Dinge und ihrer Verwaltung, so werden wir erleben, daß uns die Seele entweicht. Mag sein, unsere Seele lebt heute schon, wie im Glauben mancher «Primitiver», mehr in einem Fetischgegenstand, zum Beispiel in unserem Auto, als in unserer Brust. Aber irgendwo muß sie hin, unsere Seele, und je weniger wir menschlich miteinander reden, desto sicherer werden die Dinge anfangen, mit uns zu reden und sich mitzuteilen. Das ist es, was man schließlich als Wahnsinn oder als Psychose bezeichnet: daß alle Dinge reden, weil man selber nie zu reden wagen durfte und es nie ein Gegenüber gab, dem man sich mit Hilfe der Sprache hätte verständlich machen können.

Alle Dinge können sich beleben, und es ist die Schönheit der menschlichen Sprache, das Leben in allen Dingen auszudrücken. Aber wenn wir die universelle Poesie der Dinge abschaffen, kehren die Worte aus den Dingen als

Zwang zur Unmenschlichkeit zurück, und die Einsamkeit der Psychose ist nur wie ein Suchen der Seele nach sich selbst inmitten einer seelenlos gewordenen Welt. Am Ende werden wir zugleich mit der Sprache auch die Musik zerstören.

Der Pfingsttag ist eine liturgische Erinnerung, aber gebe Gott, daß er eine lebendige Verheißung werde! Möge dieses Wunder, daß Menschen an den Geist zu glauben beginnen statt an die Dinge, daß sie miteinander in Sprachen reden statt einander in Worten auszuweichen, sich unter uns heute aufs neue ereignen und fortan jeden Tag! Gewiß: Wie dieses Wunder des Pfingsttages möglich (gewesen) ist, weiß niemand: doch daß es geschehen kann, steht fest. Vielleicht, daß am ehesten in unserer merkwürdigen Gesellschaft die Frauen Zugang finden zu diesem Wunder! Denn sie sind es, die durch die Jahrtausende dazu bestimmt wurden, das Feuer zu hüten und das Geheimnis des göttlichen Funkens auf der Erde zu bewahren. Und sie sind es, die noch heute ein jedes Menschenkind das Sprechen lehren. Vielleicht, daß sie deshalb besonders berufen sind, unsere Welt zurückzuführen in den Raum einer Erfahrung, wo der Mund sich wieder öffnen darf, um der Seele Luft zu geben.

In jedem Falle stehen wir vor einer Wahl: *Entweder* wir werden weiter die Dinge anbeten und den Geist verleugnen, dann wird die Rückkehr zum Fetischismus der «Primitiven» nicht mehr aufzuhalten sein: jedes Ding ringsum ist wichtiger als jeder Mensch, alles umgibt uns wie ein göttlicher Auftraggeber, und es gibt nur noch die objektive Sprache allgemeiner Mitteilung. *Oder* wir wagen es zu glauben, daß die Personalität, die Freiheit, die Individualität keine bloßen Übergangswerte sind, sondern Endziele der Evolution. Dann sollten wir eine Sprache üben, die die

Person des anderen erreicht, indem sie unsere eigene Person mitteilt, bis unsere Seele eine Schale wird, in der sich der Geist Gottes sammeln kann wie Tau am Morgen. Denn wir brauchen sprechend unsere Seele, und jeder Ort, an dem sie ihre Flügel zu entfalten vermag, wird uns Gott näherbringen.

Die Tür des Verstehens

Die Tür, meint Jesus (vgl. Joh 10,2−3), wird sofort geöffnet, wenn der Wächter an der Pforte merkt: hier spricht jemand, bei dem man sich zu Hause fühlen kann. Man hört auf diese Stimme, weil in ihr etwas Eigenes begegnet und anklingt. Es ist eine Stimme, die jeden Einzelnen bei seinem Namen ruft und hinausführt.

Nichts ist schwieriger unter uns Menschen, aber nichts ist näher bei Gott als dieses Vertrauen: daß auf dieser Welt allein das Verstehen, dieser Ruf beim eigenen Namen, heilt und frei macht. Man muß nur wirklich einmal eine Probe machen: nach zehn Sätzen, die ein anderer gesagt hat, zu wiederholen suchen, was er gemeint hat. Wie wenig gelingt das! Und selbst, wenn es gelänge, hätte man doch nur erst die Bedeutung der Worte verstanden, nicht aber, was sie für den Sprecher selbst bedeuten; noch weniger wüßte man von dem Stellenwert, den sie in seinem Leben hatten, warum er sie in dieser Weise, in diesem Augenblick sprach; und noch weit wäre man davon entfernt, die Gefühle und Absichten zu verstehen, die den anderen leiten. Selbst wenn man das alles verstanden hätte – so wäre man noch immer nicht imstande, die Person des anderen zu kennen und den einheitlichen zentralen Ursprungsort aufzusuchen, von dem her alles kommt. Aber gerade das muß es bedeuten: jemanden bei seinem Namen zu rufen.

Es bedeutet, hinter allem die Mitte herauszuspüren, von der alles stammt, diese Mitte zu formulieren, den anderen darauf ansprechen zu können und ihm einen «Namen» dafür zu geben, in dem er sich selbst erfahren kann.

Gesetzt selbst, wir vermöchten alles, was der andere

meint und empfindet, gewissermaßen auf den Begriff zu bringen, oder wir wären imstande, dafür ein einziges Wort zu finden, das nur ihn vollkommen bezeichnen kann, so könnte es doch immer noch sein, daß wir auf ein Zentrum gestoßen wären, das sozusagen falsch gelagert ist und noch gar nicht die Mitte der anderen Person ausmacht; wo ein Mensch im Unheil lebt, wird das sogar bestimmt sein. «Er ruft sie bei ihrem Namen» – das heißt dann: er ruft sie zurück zu dem, was sie eigentlich sind, er spricht das aus, was sie in Wahrheit sind. «Er führt sie hinaus» – das heißt, er ruft sie heraus aus all dem, was sie einschnürt und nicht zu sich selbst kommen läßt.

Und wieder hätten wir die furchtbare Kluft zu überwinden zwischen dem, was die Menschen geworden sind, und dem, was sie im Eigentlichen sein sollten. Ähnlich wie beim Besessenen von Gadara geht es entscheidend bei der Heilung eines Menschen um diese Frage: «Wie heißt du» – und die Selbstbezeichnung aller Menschen, die im Widerspruch mit sich und Gott zerfallen sind, muß lauten: «Wir heißen Legion» – so viel an einander bekämpfenden und gegensätzlichen Ansprüchen, an fremden Zwängen, Verpflichtungen und Schuldgefühlen haben vom eigenen Ich Besitz ergriffen und halten es besetzt. Aber hinter diesem chaotischen Wirrwarr fremder Geister und Stimmen den Namen zu nennen, der den anderen wirklich meint – das heißt, einen Menschen erlösen; durch den Ruf seines Namens, durch ein Verstehen, das von Gott kommt.

Es gibt auf dieser Welt niemanden, der nicht insgeheim auf eine solche Stimme horchen würde. Es ist wie eine Erinnerung an etwas tief Verborgenes und eigentlich doch immerzu Ersehntes und Bekanntes; es ist ein Nachhall der Stimme, die Gott über uns sprach, als er uns in das Dasein rief, eine Erinnerung an unseren Ursprung. Die Stimme, die uns so erreicht, kommt wie von draußen und ist doch in Wahrheit das Allervertrauteste.

Hier wächst etwas in einem unhörbaren Gespräch zwischen Gott und unserer Seele; und wir folgen seiner Stimme, weil alles in uns selber danach drängt. Das Bild vom Hirten und den Schafen hat mit Recht etwas von dem Gefühl einer Idylle an sich: obwohl nichts härter ist, als dieser eigentlichen Stimme unseres Daseins zu folgen, die unseren einmaligen und unvertauschbaren Namen nennt, ist doch der Weg ins Freie ein Schritt in eine «zärtliche» Geborgenheit, ein Geführtwerden durch ein alles lösendes und befreiendes Verstehen.

Christus eröffnete in dem, was er sagte, tat und war, den Zugang zu den Menschen ohne Gewalt, nur dadurch, daß er, wie Johannes (2, 25) sagt, schon wußte, was im Menschen war. Denn es mag auch noch so verschüttet und überlagert sein – im Schmerz der Verzweiflung und der Qual, die der Unglaube bereitet, liegen Hinweise auf den schmalen geheimnisvollen Gang, der in das Innere der Seele führt. Es ist nie völlig aussagbar, und doch von Gott her zu bezeichnen mit dem Wort, das unser *Name* ist und auf das unser ganzes Sein im tiefsten hört. Seit Christus gibt es ein Vertrauen, daß eine solche Tür für einen jeden Menschen offensteht; daß man sich einen solchen Zugang nicht mehr auf Hintertreppen und Abwegen erschleichen muß; es gibt diese Tür, und sie ist frei und offen. Man braucht die Seele des anderen nicht mehr durch Tricks aller Art zu stehlen oder zu vergewaltigen, man kann, seine eigene freie Kontrolle passierend, ein und ausgehen.

Insofern kann man sagen, ist «die Art» Christi selber schon die Tür für alle, die nach ihm kommen und sich auf ihn berufen. Da gibt es nur eine Art, den Namen Christi auszusprechen: den anderen bei dem anzureden, als was

Gott ihn angeredet hat, und auf alle irregulären Seiten-
wege innerhalb wie außerhalb der Kirche zu verzichten.
Und umgekehrt: wer sich auf Christus einläßt, wird merken, wie er aus dem Ghetto seiner Ängste ins Freie geführt
wird, wie er sich selber findet und beginnt, dem Weg zu
folgen, zu dem Gott vom Ursprung her ihn aufgerufen
hat.

Es gab eine verborgene Tür, und wir hatten sie schon ganz
vergessen. Aber Christus trat durch sie in unser Herz. Seither ist sie geöffnet, und Jesus ist selbst das Zeichen dafür,
daß wir offen sein können für Gott; und gehen wir darauf
ein, so kommen wir Gott nahe. Und alles drei: das Zu-uns-
Kommen und das Offensein und was uns rettet, ist der
Herr Jesus Christus.

Sein Leben als etwas Göttliches
sehen lernen

Kommt alle zu mir

Es gibt Augenblicke im Leben, in denen das Unwesen von den Dingen ringsum und von der eigenen Person vollkommen abfällt und die reine Gestalt unseres Wesens zum Durchbruch kommt. Momente vollendeten Glücks sind dies, sie sind auch im Neuen Testament bei der Beschreibung Jesu selten genug. Im Matthäusevangelium bricht Jesus einmal in den Jubelruf aus: «Ich preise dich, Vater, Herr des Himmels und der Erde, weil du all das den Weisen und Klugen verborgen, den Unmündigen aber offenbart hast... Kommt alle zu mir, die ihr euch plagt und schwere Lasten tragt, ich werde euch Ruhe verschaffen...» (Mt 11,2528). Jesus preist hier Gott selig für jene Wahrheit, die den Großen verborgen und nur den Kleinen offenbar ist. An anderer Stelle sagt er, wie um sich zu rechtfertigen: Ich bin nicht gekommen zu den Gesunden, ich bin gekommen als Arzt zu den Kranken. Hier aber scheint es ihm festzustehen: Nur die Verzweifelten, die Trauernden, die Notleidenden, die Niedergedrückten werden seine Botschaft wirklich verstehen; nur sie werden wissen, wie sehr alle Menschen in jedem Augenblick ihres Lebens abhängig sind von der Gnade, dem Erbarmen und dem Verstehen. An anderer Stelle sagt Jesus, wie um einem Angriff zuvorzukommen: Geht hin und lernt, was das heißt: Barmherzigkeit will ich und nicht Opfer, und er zitiert dabei die Heilige Schrift. Hier aber ist es ihm eine jubelnde Gewißheit: Nur die Niedrigen, die «Kleinen», die zerbrochenen Herzens sind, sind offen genug für Gott, sie spüren in der Not ihres Lebens die Größe seiner Macht. Und so wird Jesus später allen sagen: Wenn ihr nicht alle werdet wie die *Kinder,* werdet ihr Gott niemals begreifen.

Nach diesen Worten Jesu teilt sich die Welt der Menschen in zwei Lager: Es gibt die «Kinder», und es gibt, ihnen entgegen, die «erwachsenen», die «großen» Menschen. Wir verfügen heute über eine ganze Reihe psychologischer Begriffe, um diese Weltsicht Jesu nachzubuchstabieren und uns verständlich zu machen – ihre befreiende Kraft erreicht uns dennoch selten.

Wir sind daran gewöhnt, Gesundheit und Krankheit nach dem Grad einzuteilen, in dem wir noch der Kindheit verhaftet sind, und wir sprechen von Fixierungen, Wiederholungszwängen, Übertragungen, um zu beschreiben, daß wir fast immer, noch ehe wir Kinder sein durften, allzufrüh bereits Erwachsene sein mußten – hochkompensierend, uns selber verleugnend, das meiste verdrängend, ständig im Kampf gegen uns selbst. Wen von den Kindern, die in diese Welt geboren werden, ließe man schon leben! Kaum daß es das Licht der Welt erblickt, hat ein Kind zu sein: der Stolz seiner Mutter, die Hoffnung seines Vaters, der Garant und Erfüller der Wünsche seiner Umgebung. Was man zu sein hat, was man zu werden hat, was man zu tun hat, alle Leute ringsum scheinen es zu wissen. Angst und Minderwertigkeitsgefühle sind die dunklen Geschwister, die den Lebensweg fast eines jeden «erwachsen» Gewordenen später begleiten, und es ist unter diesen Umständen schon ein Vorteil, wenigstens noch zu spüren, wie kränkend und krankmachend diese Welt der großen Leute ist.

Hinter jedem seelisch Kranken, hinter jedem Gebeugten, hinter jedem der «Kleinen» im Sinne Jesu stehen zwei, drei andere, die ihre eigene Angst sich vom Leibe halten, indem sie andere zu ihren Opfern erniedrigen. Auf dem Rükken eines jeden, der innerlich zerbrochen ist, lasten die Stiefel von anderen, die sich ihr Leben lang ihre Größe bestätigen, indem sie andere zu ihren Podesten erniedrigen. Gerade dieser Kampf der Rücksichtslosigkeit aber ist die Welt, die uns so vertraut vorkommt – erbarmungslos, hinterhältig, gnadenlos und unbarmherzig im Ghetto ihrer Angst.

Am schmerzlichsten muß es Jesus berührt haben, daß sogar inmitten der Religion die großen Leute ihre Triumphe feiern, indem sie selbst die Worte Gottes noch benutzen als eine Art privater Lebensversicherung zur Rechtfertigung ihrer Macht. Ganze Zünfte der Gotteserklärer schieben sich zwischen die Herzen der Menschen und die Barmherzigkeit Gottes, indem sie zu wissen vorgeben, daß man Gott nur finden könne nach Maßgabe bestimmter Gesetze, in Erfüllung bestimmter Gebote, im Für-wahr-Halten bestimmter Lehren, in Einhalten bestimmter Riten; ein ganzes Spektrum komplizierter Verfahren und Prozeduren scheint unerläßlich, ehe ein Mensch sich wieder Gott zumuten kann. Jesus hat es empört, als er sah, wie man mit Berufung auf Gott Menschen ausschloß von Gott, von seiner Gnade, von seiner Nähe, vom Tempel seines Heiligtums, indem man sich selber hinstellte als Hüter der Wahrheit, als Kenner der Lehre, als Richtschnur des Rechtes. Was also tun wir, wenn wir in unserem Jahrhundert oft genug gerade von Menschen, die sich Atheisten nennen, mehr an Güte und an Menschlichkeit lernen können als von uns selbst? Was ist es mit unserer Frömmigkeit, wenn Menschen in ihrer höchsten Not nicht mehr zum Priester gehen, weil sie denken: der wird uns doch nicht verstehen... Eher geht man zum Arzt oder zum Psychiater, oder man läßt sich mit Medikamenten vollstopfen. Aber: «Nahe ist Gott denen, die zerbrochenen Herzens sind» (Ps 34,19). Gerade diese Überzeugung lebt in den Worten des Lobpreises Jesu: die Gebeugten wissen inmitten ihrer Bedürftigkeit, wie sehr sie abhängig sind von der Liebe, dem Verstehen und der Güte. Es war Jesu tiefste und größte Erfahrung, daß man Gott nahe sein könne wie ein Kind seinem Vater, inmitten einer Welt ohne Angst, und so wollte er uns lehren, einander wie Geschwister auf den Wegen Gottes zu begleiten und jedenfalls nicht länger mehr mit abstrakten Redensarten über Gott einander im Wege zu stehen. Ein jeder sollte sein Leben und das seines Nächsten betrachten dürfen wie etwas vom Himmel Herabgestiegenes, etwas unableitbar von Gott in die Welt Gegebenes. In solcher Hochachtung, in solcher Sensibilität, in solcher Zuneigung sollten wir das Wesen des anderen öffnen zum Licht.

Wie einfach könnte unser Leben sein, wenn wir ein Klima des Verständnisses in unser Dasein bringen würden! Wie gut könnte unser Leben sein, wenn wir einfach schauen würden, wieviel an Schönheit im Leben und im Herzen eines anderen blüht; wenn wir nicht ständig uns selber und andere voranpeitschen würden nach Bestimmung und Gebot, sondern die Freiheit wiedergewinnen könnten, uns aneinander zu freuen in einer Welt des Vertrauens ohne Angst. Wenn dies ein *Joch* ist, das wir auf uns nehmen müssen, dann nur, um zu merken, daß es nicht niederdrückt, so zu leben. Wenn auf diese Weise an Gott zu glauben uns als *Last* auferlegt wird, dann nur, um zu merken, wie frei unsere Arme werden können zum Geben, zum Schenken und zum Segnen. Denn ich, spricht Jesus, bin gütig und selbstlos und habe ein Herz, in dem ihr Ruhe finden werdet.

Der Weg zum Heil

Man sollte meinen, wenn es um den Menschheitsweg zum Heil, um das Hervorbringen des Erlösers geht, so müßte zu diesem Zweck das Beste im Menschen versammelt werden, damit es sich wie ein Turm Stein um Stein zur Größe des Göttlichen erhebe. Statt dessen überliefert die Bibel im Buch Rut (4,18–22) und im Anfang des Matthäus-Evangeliums einen Stammbaum des Messias, der selbst für den Bibelkundigen auf weiten Strecken einer Versammlung von absolut unbedeutenden Charakteren gleichkommt. Oder es sind Menschen, die erst durch ihre Schuld zu ihrer Größe kommen, und die Größe ihrer Schuld ist nur die Größe ihrer Verzweiflung.

So heißt es im Stammbaum Jesu zum Beispiel: «Juda zeugte Perez und Serach mit der Tamar.» Dieses Faktum hat seine Vorgeschichte. Auf der Tenne des Hetiters Schua lernte der Sohn Jakobs eine Frau kennen, die er liebgewann, obwohl sie eine Nichtisraelitin war und die zu heiraten eigentlich unter dem Verbot des Gesetzes stand. Von dieser Frau weiß man nicht, wie sie hieß; man kennt sie nur als «Schuas Tochter» (Gen 38,2), eine Frau fast ohne eigene Existenz. Mit ihr zeugte Juda drei Söhne: Er, Onan und Schelach. Sein Ältester, Er, heiratete eine Frau, die, wenn ihr Name zutrifft, sehr schön gewesen sein muß: «Dattelpalme» hieß sie, «Tamar». Aber er starb, noch ehe Tamar ihm Kinder geboren hatte, und so heiratete sie dem Gesetz nach den zweiten der Söhne Judas, Onan. Der aber weigerte sich, seiner Frau und Schwägerin Kinder zu schenken, und auch er starb, ohne Kinder zu hinterlassen. Nun hätte der dritte der Juda-Söhne, Schelach, die verwitwete Tamar heiraten müssen. Juda jedoch lehnte eine dritte Heirat ab, denn er fürchtete, daß auch sein jüngster Sohn an der Seite seiner Schwiegertochter sterben werde. So stand denn Tamar ganz allein: ohne Mann und ohne Kind. Zum Selbstverständnis der Frau in Israel gehörte auch die Hoffnung, daß aus der Abfolge der Geschlechter eines Tages der Messias hervorgehen werde. Kinderlos zu sein könnte bedeuten: von der Linie des Heils, von der Zukunft des Erlösers ausgeschlossen zu sein. Und schlimmer noch: Tamar galt wohl als eine Frau, deren Liebe tödlich ist, die man am besten meidet wie ein hexenartiges Wesen, die doppelt ausgeschlossen ist: von der Liebe wie von der Hoffnung, von der Gegenwart wie von der Zukunft. Tamar gibt nicht auf und ersinnt eine außerordentliche, skandalöse Tat. Eines Abends, beim Weinlesefest in Timna, begibt sich Juda durch die Berge nach Hause zurück, als er am Wege eine Dirne findet und zu ihr eingeht. Beim Abschied fordert die Hure nicht das übliche Entgelt, sondern den Hirtenstab Judas, seine Schnur und seinen Siegelring. Der Preis wird ihr gewährt. Nach einer Weile nun geschieht es, daß Tamar schwanger wird. Man macht ihr, der Ehelosen, den Prozeß. Da holt sie als Pfand den Hirtenstab, die Schnur und den Siegelring ihres Schwiegervaters Juda hervor zum Beweis seiner Vaterschaft. Niemand mehr wagt sie fortan zu verurteilen, zu ungeheuerlich scheint ihr Verbrechen und zu hoch die Stellung und die Schuld ihres Schwiegervaters und Brautgemahls. Sie gebiert zwei Kinder, die sich schon streiten, noch ehe sie zur Welt kommen: Serach und Perez (Gen 38,27–30). Diese Geschichte also steht hinter der kurzen Bemerkung aus dem Stammbuch Jesu: «Juda zeugte den Serach und Perez mit der Tamar!»

In der Geschichte des Heils fließen Sünde und Gnade, Böses und Gutes ineinander. Wer wollte Tamar verurteilen?

Aber wer auch könnte die Tat Tamars gutheißen? Ohne ihre Schuld hätte die Nachkommenschaft Judas keine Fortsetzung gefunden. Objektiv begeht Tamar in ihrer verzweifelten Paarung Blutschande, aber sie tut es in der Leidenschaft verlorener Ehre und Würde, und es ist groß an ihr zu rühmen, daß sie den Glauben an ihren Wert, an ihre Berufung, an ihre menschliche Würde trotz allem niemals gänzlich aufgegeben hat. Ihre Tat isoliert sie an sich von aller menschlichen Gesellschaft, und dennoch trägt gerade diese Tat sie in den Zusammenhang der Menschen zurück. So eigentümlich durchdringen sich also Würde und Schande, Entehrung und Stolz, Gemeinheit und Größe, und eben dieses Ineinander gilt es offenbar zu verstehen: wie hilflos Menschen sind, wenn sie etwas von Grund auf Böses tun, und welchen berechtigten Zielen sie gleichwohl folgen, wenn sie sich vom Weg des Guten entfernen; wie am Rande sie sich fühlen, wenn sie außer Rand und Band geraten, und wie sie das Böse fast immer begehen aus dem Bedürfnis, nur mehr ein Mensch, nur mehr dabei sein zu dürfen.

Fragt man daher: wie kommt in einer Geschichte von Sündern das Heil zu den Menschen, so kann man in der Lehre des Stammbaumes Jesu nur sagen: indem man Gott zutraut, daß er die Menschen so nimmt, wie sie sind. Offenbar strebt Gott in der Geschichte seines Heils mit den Menschen nicht nach Utopien. Ihm liegt nicht daran, die Menschen zu verurteilen; und er glaubt, daß es nur einen Weg zum Heil für diese Menschen gibt: sie anzunehmen, wie sie sind, ihr Schicksal durch Edel und Niedrig, Häßlich und Schön, Gemein und Großherzig, Verzweifelt und Entschlossen hindurch zu begleiten und zu hoffen, daß sie fähig werden zum Guten, wenn man sie in ihrem Dasein bestätigt. Daß man mit Güte, Verständnis, Geduld und Mitleid auf die Dauer allein einen gewissen Wandel zum Besseren erreichen kann – von dieser Überzeugung offenbar ist all das getragen, was man als Heilsgeschichte Israels bezeichnet. Und sieht man sich die Menschen wirklich an, muß man dem zustimmen. Denn könnte man sich ernsthaft eine Tamar wünschen ohne ihren Stolz? Könnte man sich ernsthaft überhaupt irgendeinen Menschen, den man angefangen hat zu verstehen, anders wünschen, als er wirklich ist? Gewiß, weniger unglücklich könnte man ihn sich oft wünschen, weniger hilflos, verängstigt, weniger gedemütigt, weniger getreten. Und wie soll ein Mensch dahin finden, mehr Mut, mehr Zuversicht, mehr Stärke zu gewinnen als eben auf dem Weg, den Gott in der Geschichte Israels als Beispiel aller Völker, als Vorbild aller Menschen zu allen Zeiten menschlicher Geschichte eingeschlagen hat? In Geduld reift Zuversicht, in Gnade Stärke, Gewaltsamkeit kann nur zerstören.

Das Kind und die Mutter

Oft kommt es vor, daß jemand, der schon viele Jahre manchmal sein ganzes Leben lang, auf seine innere Befreiung warten mußte, jetzt endlich, wo er sich ihr nahe fühlt, in Bildern träumt, die in ganz auffälliger Weise an die Erzählungen der Bibel von der Geburt des «Erlösers» erinnern. Immer in den Erlösungs- und Heldenmythen der Völker kommt der Retter der Welt jungfräulich und gegen schwere innere und äußere Widerstände zur Welt; immer wenn Menschen von ihrer Erlösung träumen, legt sich ihnen im Unbewußten gegen den Protest ihres Ichs das Bild des jungfräulich geborenen göttlichen Kindes nahe; und anders kann es eigentlich auch gar nicht sein.

Das Symbol eines Kindes ist als Bild des Lebens innerlich dann notwendig, wenn das, wovon man erlöst werden muß, gerade in einem zwanghaften Großseinwollen besteht. Wenn man mit der ständigen Forderung, nur ganz erwachsen, ganz fertig, ganz ausgereift, ganz vollkommen sein zu dürfen, schlechtin nicht mehr leben kann, dann verdichtet sich Tag um Tag der Wunsch, es möchte entweder möglichst bald alles vorbei sein, oder es möchte buchstäblich alles noch einmal beginnen dürfen. «Kannst Du nicht», fragt uns die Traumgestalt des Erlöserkindes, «einmal den Mut bekommen, zu denken, Du wärest auch ohne Leistung und Arbeit berechtigt zu leben? Kannst Du nicht denken, Du selber, Deine Person, wäre liebenswürdiger und wertvoller als Deine vorweisbaren Taten? Kannst Du Dir nicht einfach einmal gestatten, an etwas anderes zu denken als daran, was Du tun mußt und was Du zu machen hast? Kannst Du nicht einmal Dich dem Empfinden überlassen, daß Du berechtigt bist zu sein?»

So lebt ja doch ein Kind, und so fragt es schon durch sein bloßes Dasein. Ein Kind kann nicht für seine Tüchtigkeit und seine Leistung leben, es kann ja noch gar nichts, es tut noch gar nichts Nützliches. Ein Kind kann man nicht dafür lieben, daß es etwas Besonderes besäße oder vorzuzeigen hätte. Man muß es schon, wenn man es lieben will, um seiner selbst willen lieben. Das ist das ganze Geheimnis des Kindes: daß es uns durch sein bloßes Dasein nötigt, es zu lieben, und daß es davon lebt, für «nichts» geliebt zu werden. Darin, daß wir so von uns selber dächten, läge unsere Erlösung: gratis zu leben. Das Wachsen dieses Kindes in uns setzt die Kunst voraus, ein inneres, spontanes Leben in uns selber überhaupt erst wahrzunehmen, innere Regungen, Stimmungen, Wünsche und Empfindungen zu bemerken und sie nicht sofort unter einem fertigen Vorweg-Programm eigener Planungen totzuwalzen. Wenn wir die Sprache unseres Körpers, unserer Träume, unserer unbewußten Reaktionen verstehen und in jedem Falle das «innere» Leben, das, was in uns steckt, für wichtiger halten als alles, was sich außen abspielt.

Sich auszudenken, wie ein solcher lebensrettender Neuanfang eingeleitet werden könnte, vermag kein Mensch. Der eigene Verstand und Wille sind es ja, die so verkrampft nach oben streben wollten. Für sie ist solch ein neues, kindliches Dasein von vornherein undenkbar und nach den ehernen Gesetzen der Natur auch überhaupt nicht möglich. Unser ursprüngliches Empfinden wird angesichts all dessen, was sich «in uns» rührt und leben will, einen gewaltigen Schrecken bekommen. Es wird uns als etwas Illegitimes erscheinen, das nicht hätte zum Leben zugelassen werden dürfen; und folgen wir unserer bewußten Einstellung, so werden wir es bald verwünschen. Die Neigungen, die sich da melden, kommen uns unvernünftig und zwecklos vor, wenn nicht geradezu unmoralisch und verwerflich; die Wünsche, die sich da in uns melden, muten uns sonderbar und oft geradezu widersinnig an. Wir haben tausend Einwände dagegen: daß sich das nicht gehört; daß wir uns vor den anderen lächerlich machen damit; daß wir damit etwas Unnützes tun; daß wir uns am Ende gar blamieren, wenn «das» «rauskommt» und wir das «rauslassen», was da in uns lebt; daß wir fürchten müssen, uns damit geradezu schuldig zu machen usw. Es stimmt ja: die zwei Stunden, die wir uns gönnen, ein Buch zu lesen oder Musik zu hören oder spazierenzugehen oder den Hund zu verwöhnen – für diese zwei Stunden gibt es keine Entschuldigung; gemessen an den Vorstellungen von Pflicht und Leistung sind diese zwei Stunden unverantwortbar; und solange wir erwachsen bleiben wollen, müssen wir derartige «kindische» Dinge verwerfen.

Das Symbol des jungfräulichen Kindes besagt nicht «infantil». «Kindlich» ist eine Haltung, die sich getraut, spontan und spielerisch, zweckfrei und ohne ewige Berechnung dazusein.

Immer tritt dieses Kind auf wunderbare Weise in die Welt, «jungfräulich», sagt das Evangelium. Denn darauf kommt es gerade an: es geht um etwas, das wir nicht *erzeugen* können, das in uns selber wächst, und doch sind wir es nicht, die es erschaffen haben; «wie von selbst» will etwas in uns leben und reift in uns zu seiner menschlichen Gestalt heran. Jeden Tag mehr gewinnt in uns ein derartiges «unmögliches» Leben Gestalt und Wirklichkeit in unseren Träumen und in unserem Empfinden. Wir selber können es nicht ausdenken, und dennoch ist es wirklicher und wahrer als alles, was wir von uns selber entwerfen.

Von daher trägt auch die Gestalt der Mutter des jungfräulich geborenen Erlöserkindes in den Mythen sehr widersprüchliche Züge. Zum einen erscheint sie als Madonna, als Große Mutter. Wir spüren, daß sie all das verkörpert, was uns leben läßt und uns den Zauber von Anfang, Hoffnung und Lebenserneuerung verleiht; insofern ist sie wirklich die Mutter des Eigentlichen, Göttlichen in uns. Und doch erscheint sie zugleich, in äußerstem Widerspruch dazu, als verachtenswert; denn in ihr gewinnt ja gerade das Gestalt und Leben, was wir bis dahin nie haben sein und leben wollen, wovor wir stets auf der Flucht waren und wofür wir stets meinten, uns schämen zu müssen. Insofern ist sie das Sammelbecken all dessen, was wir in uns ein Leben lang als minderwertig liegengelassen haben, was uns bis dahin vielleicht sogar als sündhaft und verderblich hingestellt wurde, wovor wir Angst hatten und wofür wir uns selber stets verachtet und mit Dreck beworfen haben.

Die Mutter des göttlichen Erlöserkindes vertritt zugleich die geschändete, in Sünden darniederliegende, erlösungsbedürftige Menschheit, sie steht für all das, was in uns selbst an Menschlichem nur darauf wartet, zur Welt kommen zu dürfen und von seiner Erniedrigung befreit zu werden. So ist die «Frau» auch sogleich die Vertreterin der gefallenen Menschheit und die Mutter unseres Erlösers, zweite Eva und zugleich Madonna.

So widersprüchlich beginnt fast regelmäßig im Menschen das eigentliche Leben: man weiß, daß man es dringend braucht und sehnt es von Herzen herbei, aber dann, wenn es beginnen könnte, weist man es voller Angst um den guten Ruf zurück und aus Sorge um den bisherigen so vernünftigen Standpunkt sogleich wieder von sich. In dem Bild des jungfräulich geborenen Kindes lebt alles, was man im Grunde möchte: Freisein und Spielen, Reifen und Träumen, Daseindürfen und Vertrauendürfen.

Verwandelt werden in den Grund
unseres Daseins

Der Weinstock und die Reben

Manche Texte des Neuen Testaments sind für unser gewöhnliches Empfinden so fremd, daß man wünschen möchte, eher in Asien geboren zu sein als in Europa, um ihnen näherzukommen. So die Worte im Johannesevangelium von dem Weinstock und den Reben (15,1–8). Wenn *wir* hören von «Fruchtbringen», glauben wir zu verstehen, was da gemeint ist: Fruchtbringen, das heißt, produktiv sein, förderlich sein, Nutzen zeitigen, Zinsen häufen, Wachstum schaffen, kurz, in jeder Form und Weise nach außen wirken. Denn: «Was nicht Frucht bringt, wird abgeschnitten.» Auch das glauben wir zu verstehen: das Unproduktive, das Unnütze, das Unbrauchbare gehört beseitigt und abgeschafft, zuerst mit Mahnungen, dann mit Vorwürfen, dann mit vernichtenden Urteilen; schließlich wird es ins Feuer (der Hölle) geworfen.

So besehen scheinen die Worte des Johannesevangeliums in ihrer Strenge förmlich zu bestätigen und zur Pflicht zu erheben, wie wir im Alltag miteinander umgehen und wie wir, bei Licht besehen, sogar auch unser Verhältnis zu Gott gestalten. Doch dann, ganz im Gegensatz zu unseren Zwangsvorstellungen von Produktivität und Leistung, kommt dieser im Grunde ungeheuerliche Satz aus dem Munde Jesu: «Ohne mich könnt ihr nichts tun.»

Also geht es wesentlich gar nicht darum, etwas zu machen und hervorzubringen, es geht vielmehr um eine Art von Verbundenheit beziehungsweise um eine innere Beziehung, die fest genug sein muß, um all die Kräfte freizusetzen, aus denen menschlich so etwas wie Leben wachsen kann. Auch Erfahrungen dieser Art kennen wir. Wenn Menschen einander sehr nahe sind in ihren Gedanken, in ihren Gefühlen, in ihrem ganzen Dasein, so kann einer wohl zum anderen sagen, er sei «in ihm». Gemeint ist damit nicht, er sei als Teil in ihm enthalten, wohl aber, daß er den anderen in gewisser Weise ausfüllt, daß er es ist, der seine Seele weit macht und der ihm durch sein Dasein Kraft zum Leben schenkt. Niemals aber würde ein anderer Mensch so tief in unserem eigenen Herzen wohnen, wenn wir nicht wechselseitig einander Raum gäben.

Das Gefühl einer solchen Einheit tiefer Wesensverbundenheit läßt sich nicht erzwingen; aber wo immer es wächst, schafft es von innen heraus mehr an Fruchtbarkeit, als alle Bemühungen von außen es vermöchten. Man kann, um im Bilde zu bleiben, Weinkulturen anlegen, indem man Gatterwerk und Stangen in die Weinberge pflanzt, indem man ausgeklügelte Stütz- und Haltesysteme anbringt, indem man den Boden düngt und alle möglichen Maßnahmen von außen trifft. All diese Vorkehrungen mögen nützlich und sogar nötig sein; *die Kraft zum Leben* aber kann nur von innen kommen. Sie ist zutiefst enthalten in der eigenen Gestalt, die in uns schlummert; und wo immer wir imstande sind, uns mit dem Grund unseres Daseins tief genug zu verwurzeln, so daß es uns ganz durchdringt, prägt sich auch nach außen hin alles an Schönheit, an Würde und an Wahrheit unseres eigenen Wesens aus, was uns bestimmt und aus*macht*. Dieser Drang zum Leben, der von innen kommt, durchflutet uns einzig in einem hellen, milden Klima von Licht und Wärme, und mehr ist durchaus nicht erforderlich, um Menschen wachsen zu lassen, als einen solchen Umraum der Liebe zu schaffen. Eben das war es, was Jesus für uns sein wollte und was er für uns ist: der Umraum eines absoluten Lichtes, dessen Strahlenhände das Verborgene aus uns hervorlocken, das Verborgene in uns aufrichten und das verstohlen sich Hervorwagende so lange zärtlich umspielen und streicheln, bis es aus dem Verschwommenen heraus konkrete Konturen annimmt. Die Art, wie Gott sich «offenbart» in unserem Leben, besteht in keiner neuen Lehre, Religion oder Doktrin; es ist allein die Liebe, die in Jesus lebte, die uns selber leben läßt und in dem Reichtum unseres Daseins uns zu Gott, dem Vater aller Lichter, emporhebt.

Insofern meint das Wort Jesu vom Winzer und vom Rebstock wesentlich dies: mit Berufung auf ihn sei nichts zu *machen* füreinander, wohl aber gälte es, füreinander zu sein und einander sein zu lassen. Wenn wir einander begleiten, bedeutet dies, darauf zu verzichten, einander zu dirigieren. Wenn wir einander fördern, besagt dies, davon zu lassen, gußeiserne Pflichten voneinander zu fordern. Wenn wir einander verstehen, bewirkt dies, daß wir Abstand davon nehmen, den anderen nach unseren eigenen Maßstäben zu bewerten. Und an jeder Stelle, wo wir freigeben statt einzuengen, sind wir im anderen und durch den anderen tiefer verbunden mit dem Wurzelgrund auch unseres eigenen Lebens. – Fische, sagten die alten Chinesen, werden im Wasser geboren, die Menschen in Gott. Und so wie die Fische hinabtauchen auf den reinen Sand des Flußgrundes, sollten wir Menschen hinabsinken in die Ruhe des Nicht-Handelns.

Vielleicht läßt sich die Wahrheit der Worte vom Weinstock und den Reben am besten erörtern durch eine Betrachtung des Weisen *Dschuang Dsi*. Er sagte einmal: «Wer sein Gesetz in sich selber hat, der wandelt im Verborgenen. Lob und Tadel lassen ihn kalt. Wem das Gesetz von außen kommt, der spannt seinen Willen an auf das, was nicht in seiner Gewalt steht. Er trachtet danach, seine Macht über Dinge auszudehnen. Wer im Verborgenen lebt, der hat sein Licht, das ihn führt. Wer seine Macht vergrößern will, ist nichts als eine Marionette. Er glaubt, er übertreffe andere, aber die sehen nur, wie er sich krampfhaft aufreckt, um auf den Zehenspitzen zu stehen. Wer anderes beherrschen will, der wird im Nu von diesem anderen selber beherrscht, und er verliert sein Ich. Wer sich nicht selbst im Blick behält, der schätzt andere nicht richtig ein, und am Ende steht er da verlassen und hat nichts mehr. Der Himmel ist, was in allem wirkt und dennoch nicht darin aufgeht. Der königliche Mensch erkennt das und verbirgt es in seinem Herzen. Er weitet sein Bewußtsein und zieht so alles an sich. Er läßt das Gold in Bergestiefen und die Perle auf dem Grund des Meeres unberührt. Denn solche Dinge sind in seinen Augen kein Gewinn. Reichtum und Ehren hält er von sich fern. Ein langes Leben ist für ihn kein Grund zur Freude und früher Tod für ihn kein Unglück. Erfolge machen einen königlichen Menschen nicht stolz, und Niederlagen stimmen ihn nicht traurig. Hielte er alle Macht der Welt in Händen, er sähe sie nicht als sein eigen an. Und eroberte er alle Länder dieser Erde, er legte nicht die Hand darauf. Sein Ruhm und seine Freude ist das Wissen, daß alle Dinge in eins zusammenfließen.»

Eine bessere Auslegung für das Geheimnis der Worte Jesu aus dem Johannesevangelium kann es nicht geben, als zu wissen: Wir selber sind in unserem ganzen Wesen, ja schon durch die Tatsache, daß es uns gibt und daß wir selber leben in der Nähe Jesu, ganz und gar durchflutet von der Lebenskraft Gottes. Wir sind in ihm ein Teil des Baums, in dem Gott selbst Gestalt gewinnt. Wir gehören ihm ganz, und je intensiver wir's leben, desto reicher, desto fruchtbarer, desto wunderbarer wird unser Leben. Und so gehören wir einander, allesamt Teile ein und derselben reifenden Gestalt, verwurzelt im Herrn und gemeinsam miteinander. Möge einzig die Angst verschwinden, die die Quellen vergiftet, die Triebe versperrt, das Licht verdunkelt, die Wärme erfriert, und wachsen möge das Vertrauen, das uns gemeinsam leben läßt und zur Güte befähigt.

Wir haben nichts

Wenn Gott in der Bibel Fragen an den Menschen richtet, wie diese (Joh 21,5) am Ufer des Sees Genezareth: *«Kindlein, habt ihr etwas zu essen?»*, handelt es sich um Fragen, die der Mensch sich schon um seiner selbst willen irgendwann einmal unausweichlich stellen muß. Am Anfang der Genesis, als Gott den Menschen sucht, der sich nach dem Sündenfall im Gesträuch versteckt hält, fragt ihn Gott, wo er hingeraten ist (Gen 3,9), und legt ihm förmlich ein Geständnis in den Mund; später dann, als Kain seinen Bruder auf dem Feld erschlagen hat, fragt Gott den Menschen erneut, aber jetzt als einen Mörder, wo sein Bruder sei; erst als Kain die Antwort verweigert, erhebt sich Gottes Frage zum Vorwurf: «Was hast du getan?» (Gen 4,10). In allen Fragen Gottes an den Menschen geht es darum, daß der Mensch sich selber wiederfindet. Bis zum Ende der Bibel, bis in die Auferstehungsgeschichten hinein, ist diese fragende Art Gottes zu spüren, etwa wenn die Engel im Grab Maria Magdalena in ihrer Traurigkeit fragen, warum sie weint, und Christus dieselbe Frage an sie noch einmal wiederholt (Joh 20,15). Ähnlich fragt der Auferstandene die Jünger auf dem Weg nach Emmaus, was sie unterwegs geredet haben, so daß sie in ihrer Traurigkeit für einen Augenblick lang «innehalten» (Lk 24,17) und sich anhand der vergangenen Ereignisse und anhand der Schrift Klarheit verschaffen über die Gründe ihrer Hoffnungslosigkeit.

Auch in der letzten Szene der Erscheinungen des Herrn am Ufer des Sees Genezareth richtet sich die Frage Jesu an die Jünger im Grunde nicht so sehr darauf, was sie zum Essen mitzubringen haben, sondern es sollen offenbar die

Jünger sich selber eingestehen, daß sie ganz buchstäblich nichts besitzen, um davon zu leben, daß ein Leben, wie sie es bisher geführt haben, sie nicht ernähren kann, ja daß sie, offen ausgesprochen, umkommen vor Hunger und trotz aller Bemühungen letztlich vollkommen leer geblieben sind.

Man darf voraussetzen, daß kein Geständnis einem Menschen schwerer fällt als dieses. Solange es nur irgend geht, wird man versuchen, sich und anderen bedingungslos mit allen möglichen Anstrengungen vorzumachen und einzureden, daß man wer weiß wie viel besitze; je weniger man wirklich an Inhalt eines eigenen Lebens in sich trägt, desto unersättlicher wird die Sucht, vor den anderen eine Tarnfassade eigenen Könnens und Vermögens zu errichten. Von der Szene im Paradies auf den ersten Seiten der Bibel an sieht man den Menschen gerade davor am meisten fliehen, sich seine Nacktheit eingestehen zu müssen, und wie unter Zwang unternimmt er alles, um die Schande seiner Armut vor den Augen aller zu verhüllen. Nur wenn es schon gar nicht mehr zu vermeiden ist, wird man den Mut zur Ehrlichkeit aufbringen und sich eingestehen, was die Jünger auf die Frage Jesu sagen müssen: «Wir haben gar nichts mitgebracht, wovon wir leben könnten.»

Um sich die Schwierigkeit eines solchen Eingeständnisses vor Augen zu halten, braucht man sich nur einmal vorzustellen, daß jemand, vielleicht jahrelang, sich religiös in der Kirche, wie es in dem Bild vom Fischfang anklingt, eingesetzt und angestrengt hat, und dennoch hat er es ohne jeden eigenen Inhalt getan, lediglich auf fremde Weisung hin. Jahraus und jahrein hat er sich womöglich ins Werk gelegt, und es hat ihm selbst überhaupt nichts eingebracht; er selbst ist bei alledem völlig leer geblieben. Aber nun auch nur zu denken, daß dies immerhin doch möglich ist: nach Jahren der Frömmigkeit – nichts! Nach Jahren der Arbeit – nichts! Es hat nie gegolten. Man war bei allem Sprechen von Gott nie selber mit dabei! Man hat vor Gott nur gelebt wie ein Fremder! – Man hält diesen bloßen Gedanken der «Nonnen-Klage» Rainer Maria Rilkes nur aus und wird nur wagen, ihn vor sich selbst und anderen auszusprechen, wenn man das schier unmöglich scheinende Vertrauen haben kann: auch ohne etwas mitgebracht zu haben, trotz allem, noch auf geheimnisvolle Weise akzeptiert zu sein.

Weil dieses Eingeständnis so unsäglich schwierig ist, redet der Herr die Jünger mit dem sonderbar intimen Wort «Kindlein» an. Das Johannes-Evangelium und die Johannes-Briefe gebrauchen diese Anrede oft und gern; aber selten hat sie ein so großes Gewicht wie an dieser Stelle. Die Jünger bedürfen gerade hier eines geradezu kindlichen Vertrauens, um der Wahrheit über ihr Leben fähig zu werden. Es ist, wie wenn Christus mit dieser Anrede selber die Bedingungen allererst schaffen wollte, in der ein ehrliches Geständnis und eine unverhohlene Bilanz über sich selbst zustande kommen kann.

Von jeder Psychotherapie sagt man, daß in ihr der Klient die Möglichkeit erhält, wieder zum Kind zu werden, um die verkehrten Zwänge zum Erwachsensein mitsamt den angstvollen Kompensationsversuchen oft völlig maßloser Selbstansprüche aufzugeben. Die Anrede Jesu – «Kindlein» drückt ein solches bedingungsloses Geltenlassen aus; sie gibt im voraus die Gewähr, daß man sich nicht zu schämen braucht, die Wahrheit zu gestehen; alles bisher womöglich war leer, hohl, inhaltlos und eitel, es bietet nichts zu einem eigentlichen Leben. Zu einem solchen Eingeständnis braucht es wirklich eine Anrede, wie sie nur Gott uns Menschen gegenüber finden kann, ohne uns zu demütigen: «Kindlein». Es ist die Umkehrung der Bitte, mit der uns Christus zu Gott sprechen lehrte. Es ist der Anfang davon, eine Menschlichkeit zu ahnen, deren Gestalt schon hingetreten ist am anderen Ufer.

Am nächsten liegt es vielleicht, bei einer gewissen Einsicht in die Vergeblichkeit von allem, was gewesen ist, voller Gram der Vergangenheit abzuschwören und alles in sich selbst für falsch zu halten; das ganze Leben erscheint nunmehr wie ein einziger ständiger Irrtum. Und dennoch ist gerade eine solche radikale Selbstverurteilung, so nahe sie auch zu liegen scheint, eine große Gefahr, ja sie liefe auf ein grobes Mißverständnis seiner selbst hinaus. Bei Licht besehen, war zumeist ja gar nicht so sehr das, *was* man tat, verkehrt; es brachte einem selbst womöglich nur deshalb nichts ein, weil man es lediglich auf fremde Anordnung hin tat und selber nicht gelebt hat. Um so wichtiger, daß die Erzählung von der Erscheinung Jesu mit der Vision eines ganz anderen, eigentlichen Lebens gerade zu einer betonten *Rückkehr* in das Vergangene aufzufordern scheint. «Werfet zur rechten Seite des Bootes das Netz aus», befiehlt der Herr den Jüngern, «dann werdet ihr finden.» Es ist ein Neuanfang, der alles Alte nicht verwirft, sondern erneuert, indem er es von innen her mit Sinn und Wert erfüllt. Nicht Selbstverbrennung, sondern Selbstverwirklichung ist Inhalt der Begegnung mit der Menschlichkeit des Anrufes vom andern Ufer.

Das Wunder der Verwandlung

«Als sie noch jung war, unsere Religion, da hatte sie noch Liebhaber; sie umarmten sie aus Leidenschaft; sie heirateten sie aus Hoffnung. Mit ihr heirateten sie ihr Reich von morgen, das wunderbar auf Erden zu wachsen begann. Nun, da sie alt geworden ist, hat unsere Religion nur Söhne noch, Ernährer der Familie, die sie behüten, ernähren, halten werden wie eine alleingewordene Mutter, die ihnen zur Last fällt; und eine große Zahl hat sie von denen, die von ihrem Ersparten leben, auf ihre Kosten, und die sie dennoch nie besuchen kommen.» So schrieb einmal die französische Schriftstellerin Marie Noël.

Viele kennen vielleicht den brasilianischen Spielfilm «Vierzig Stufen zur Gerechtigkeit». Er erzählt die Geschichte eines Mannes, der bettelarm und dessen einziger Besitz ein alter dürrer Esel ist, der ihm zu allem helfen muß: als Lasttier, Reittier, zum Pflügen, zum Dreschen. Da fällt eines Tages das Tier so unglücklich, daß es sich ein Bein bricht und sich kaum noch richtig bewegen kann. Für diesen armen Bauern ist das eine Katastrophe, und so fleht er in seiner Not zum Himmel um die Gesundung seines Esels; er gelobt Opfer und Wallfahrten, wenn nur sein Tier gesund wird.

Im Leben eines jeden von uns gibt es und gab es derartige Momente, äußerste Augenblicke unserer Not, in denen wir ganz ähnlich zu Gott gerufen haben um seine Hilfe und um seinen Beistand.

Jener brasilianische Film wurde allerdings gedreht, um die Religion mit ihrem Beten und Bitten verächtlich zu machen. Seine Botschaft lautete: «Du bekommst von Gott niemals das, was du gern möchtest; Gott und seine Beamtenschaft, die sogenannten Geistlichen, verstehen dich doch nicht; niemand von ihnen hört dich. Verlasse dich auf dein eigenes Handeln. Was du selber nicht machst, wird auch der liebe Gott nicht tun.»

Unsere Zeit macht religiös wohl zum erstenmal nach dem Ende aller Magie und aller Verklärung der Wirklichkeit in der Breite der Bevölkerung diese Erfahrung durch: Beten rentiert sich nicht, es ist Zeitvergeudung. Nicht einzelne nur, fast alle erleben das so. Die Frau, die für ihr krankes Kind betet; der Mann, der sich mit dem Gebet vor einem Arbeitsunfall schützen möchte; das Schulkind, das um eine gute Note betet – an wen wenden sie sich? Früher vielleicht, da gab es dieses unbändige oder abergläubische Vertrauen auf Gott. Über uns aber hat sich auch in dieser Hinsicht eine bleierne Müdigkeit gebreitet, welche die Hände sinken läßt, ohne sie zu falten, und die die Augen sich schließen läßt, ohne das Kreuz an der Wand zu sehen. Das alles ist wie bei einem, der allzu lange um Hilfe gerufen hat und der nun mit Entsetzen wahrnimmt, daß das, was er als Antwort hörte, nur sein eigenes Echo von den Wänden war. So etwas erfährt ein Mensch nicht nebenher, so etwas verwandelt ihn. Es gibt keine Erfahrung, die trauriger und trostloser wäre als diese: wie jahrein, jahraus geplagte Menschen in ihrer Not sich zu Gott wenden, und es ist niemand da, der hilft.

In der Geschichte der Hochzeit in Kana (Joh 2, 1–12) bittet Maria den Herrn um eine Hilfe in konkreter Not, in einer sehr menschlichen Angelegenheit. Sie tut es aus Mitleid für andere. Sie kennt ihn und steht ihm näher als nur irgend sonst ein Mensch. Er aber antwortet: «Was habe ich mit dir zu schaffen, Frau?» Nichts anderes als Antwort als die Ablehnung. Warum das? Wenn er nicht hören könnte, nun, man könnte lauter rufen; aber er hört – und lehnt nur rundweg ab. Seine Begründung: «Meine Stunde ist noch nicht gekommen.»

Christus lehnt nicht ab wegen der Menschen: Maria ist nicht eine unwürdige Beterin wie wir; ihre Beweggründe sind nicht selbstsüchtiger Art wie oft bei uns. Jesus *darf* offenbar nicht handeln. *Das* ist die Erklärung.

Wir wissen, was im Leben Jesu «seine Stunde» ist: Sie ist gekommen in Gethsemani, auf Golgatha. Da wird er selber beten, wie ein Mensch nur beten kann, am Rande der Verzweiflung «unter lauten Schreien und Rufen» – und Gott wird den Kelch *nicht* vorübergehen lassen. *Das* ist seine Stunde; *das* der Augenblick der tiefsten Ohnmacht, ein Leiden äußerster Erniedrigung. Die französische Dichterin Marie Noël zog schon vor Jahren daraus diesen Schluß: «Man kann auf Gott nicht rechnen, um von irgendeinem Unglück verschont zu bleiben, denn Unglück ist nicht Unglück, Tod ist nicht Tod in den Augen Gottes. Wir werden ohne Barmherzigkeit den Kelch der bösen Viertelstunde trinken, den Kelch der Geißelung, den Kelch der Eisennägel. Aber kommt das Unglück, kommt der Tod, so bitten wir Gott dennoch um Erlösung. Wir werden ihn bitten wie ein kleines Kind. Wenn das Kind betet, fleht der Glaube: Verschone mich... gib mir... rette mich... Die Ergebung fügt hinzu: Wie du willst. Die Erfahrung, der Zweifel murmeln zitternd: Oft, fast immer, willst du nicht. Die Hoffnung verhüllt sich. Aber die Anbetung beugt sich: Wie du willst. Und die Liebe, traurig-vollendet, sagt: Ich danke dir.»

So geschieht das Wunder der Verwandlung. Über ihm liegt das unbesiegbare Versprechen der Erlösung und der Auferstehung. Denn es bedeutet, daß ich einmal alles, was zu mir gehört, Gott übergebe – und Gott gibt es mir zurück;

ein Verzicht, der dennoch keine Resignation ist, ein Überlassen, das dennoch am Ende dazu führt, daß wir uns selbst gehören.

Und was ist zu tun, wenn wir Gott alles überlassen?

Nicht viel. Nur, was Maria tut. In unserer Zeit bleibt vielleicht überhaupt nur dieser bescheidene Dienst Mariens. Von Jesus hat sie nichts anderes gehört als Ablehnung, und es scheint die unbegreifbare Härte unserer Zeit zu sein, immer wieder auf diesen Widerstand Gottes zu stoßen, auf sein glattes Nein zu unserem Wollen. Und dennoch hofft und vertraut Maria weiter: «Stellt die Steinkrüge bereit.»

Vielleicht ist es nur das, was Gott von uns heute verlangt: ihm blind, die Ablehnung noch in den Ohren, die Krüge, die Gefäße hinzustellen, die seine Liebe füllen und verwandeln kann. Dann ist es möglich, daß am Ende auch die Speisemeister dieser Zeit jene merkwürdige Verwandlung spüren: sie werden wie in der biblischen Geschichte nur erstaunt sein und nichts weiter. Jedoch die Diener Gottes werden wissen, woher der Wein dann in den Krügen stammt.

Den Reichtum des Lebens entdecken

Die Übung der Gnade

Es gibt Formen der Armut, der Blindheit, der Gefangenschaft und der Zerschlagenheit, die dem Menschen innerlich sind. An sie muß Jesus gedacht haben, als er von sich sagte: «Er hat mich gesandt, den Armen die Heilsbotschaft zu bringen» (Lk 4,18). Auf furchtbare Weise leidet ein jeder unter dem Gefühl seiner Armseligkeit und seiner Minderwertigkeit; irgendwie kommt er im Leben sich als zu kurz bemessen vor. Unter den Augen der anderen hält er sich für zu gering, um liebenswert und ansehnlich genug zu sein, damit ein Schimmer des Wohlwollens, der Anerkennung oder womöglich gar der Liebe auch auf sein Leben fallen könnte. Und er droht, schließlich im Leben wirklich nicht zurechtzukommen, weil er ständig sich selbst den Weg mit der Angst blockiert, er habe nicht genügend vorzuweisen, auf das hin man selbst so etwas wie ihn anerkennen könnte.

Solche Formen der Armut sind nicht von außen her zu überwinden. Aber gegen sie richtet sich die Verkündigung Jesu. Einem jeden Menschen wollte Jesus sagen: «Was in dir lebt, *ist* gut: Gott, der dich gewollt und ins Dasein setzte, wußte, warum er dich gerade so geformt hat.» Die Art dieser Heilsbotschaft spricht Jesus in dem Gleichnis von den unterschiedlichen Talenten an: Ihr könnt ständig auf die anderen schielen, die nach eurer Meinung mit vier Talenten oder fünf Talenten vier- oder fünfmal besser dastehen als ihr selber; ihr könnt mit dem Empfinden eurer Minderwertigkeit immer wieder begründen, wie ihr von den Startlöchern an schon zu kurz geraten seid; aber dann wird euer Leben durch diese Angst vermeintlicher Armseligkeit wirklich immer mehr verkümmern; am Ende seid ihr tatsächlich gezwungen, das, was ihr seid und was von Gott her an sich reich genug ausgestattet wäre, aus lauter Angst und Vergrämung zu vergraben und zu verstecken; und ihr würdet euer eigenes Leben nach und nach so sehr verwünschen, daß selbst Gott im Himmel kaum noch wüßte, weswegen ihr eigentlich gelebt habt. So darf, so kann, so muß ein Mensch nicht leben; statt in ständiger Angst und Konkurrenz euch selber zu zerreiben, könntet ihr mit einem gewissen Stolz und einer gewissen Berechtigung vor Gott hintreten. *Seinen* Händen verdankt ihr euch, und alles, was ihr habt und seid, ist einzig sein Geschenk. Was soll die fragwürdige Demonstration von Tugend und von Leistung, wenn ihr doch wissen könntet, aus wessen Händen ihr hervorgegangen seid?

Jesus von Nazareth hat sich, wie das Neue Testament ständig sagt, mit «Dirnen» und mit «Zöllnern» eingelassen, mit Menschen also, die in Liebe und Beruf gescheitert waren, mit solchen, auf die alle anderen mit ausgestreckten Fingern zeigten, um zu sagen: «Das sind die, die wir nicht über die Schwelle des Tempels treten lassen; das sind die, die wir auch nicht über die Schwelle unserer eigenen Haustür treten lassen; das sind die, auf die wir überhaupt eher am liebsten selber treten.» Gerade diesen unglücklichen und gescheiterten Existenzen wollte Jesus sagen, daß ihr Hauptfehler womöglich einzig darin bestehe, daß sie sich ständig aus dem Gefühl der Armut und der Minderwertigkeit unter dem eigenen Wert verkaufen zu müssen glauben: die einen auf der Straße, die anderen im Büro, ein jeder auf seine Art. Demgegenüber müßte es entscheidend darum gehen, den Reichtum, die Würde und die Größe des eigenen Lebens wieder zu entdecken; denn nur so ist es möglich, der inneren Armut, Blindheit, Zerschlagenheit und Gefangenschaft zu entrinnen.

Mit dem Selbstvertrauen, wie es der Glaube schenkt, wäre es zum Beispiel möglich, daß wir uns selber besser sehen. Es wäre auch möglich, die anderen besser zu sehen, als sie uns im Zerrspiegel der Angst erscheinen. Unter Umständen ist es nützlich, richtige Erkenntnisse fast mechanisch einzuüben – schließlich sind ja auch die meisten Ängste, an denen wir leiden, zu mechanischen Angewohnheiten geworden. So empfiehlt es sich, buchstäblich eine neue Art der Buchführung im Haushalt der Seele zu pflegen und auf längere Zeit hin täglich etwa zehn bis zwanzig Erlebnisse aufzuschreiben, in denen man mit sich selbst und anderen Menschen eigentlich hat zufrieden sein können. Es gilt darauf zu achten, was man im eigenen Verhalten und anderer im Grunde als wertvoll und gut hervorheben und bestätigen kann; denn es ist ein Unrecht, das man an sich und anderen verübt, wenn man vor den schönen und wahren Seiten des Lebens ständig die Augen verschließt und statt dessen, einem Nachtvogel gleich, nur im Dunkeln auf Beute für die Schnabelhiebe der Kritik und der Zerstörungswut lauert.

Freilich wird man bei einer solchen Einübung von Lob und Anerkennung beizeiten merken, daß einem gewissermaßen alle Glieder der Seele wehtun. Denn sehr sind unsere Hände darin geübt, sich zusammenzuballen und gewalttätig zu sein. Aber die Hände auszustrecken, um dem anderen und sich selber ein Stück zärtlich zu begegnen, dazu sind unsere Muskeln wie ungeübt, unsere Gelenke wie gichtig verkrümmt, und man wird in Richtung einer größeren Freiheit der Güte sich zunächst wie völlig unfähig vorkommen. Und doch ist es möglich, uns Zerschlagene in Freiheit zu setzen und uns ohne Fesseln handeln zu lassen.

Es müßte, meint Jesus, über alle Menschen so etwas ausgerufen werden wie ein Gnadenjahr des Herrn; nicht mehr würde man dann – womöglich im Namen Gottes – immer wieder an sich selbst und andere einzig die Frage richten: bist du gut oder schlecht, bist du klug oder dumm, bist du groß oder klein, bist du schön oder häßlich, bist du wert oder unwert, bist du ein Neureicher oder ein Habenichts, ein Tugendbold oder ein Lasterheld – alle Kategorien dieser Art könnte man dahinstellen unter der größeren Sonne eines Gottes, der keinen Tag beginnen läßt, ohne sein Licht leuchten zu lassen über Gute und Böse, über Große und Geringe. Denn aus seiner Hand und aus seiner Gnade leben unterschiedslos alle Menschen. Ein solches Gnadenjahr des Herrn, einmal begonnen, wird und darf fortan kein Ende finden; es ist vielmehr der Anfang eines Grundgefühls, ohne Bedingung und Voraussetzung von Gott durch das ganze Leben getragen zu werden.

Das Kind auf den Armen

Als der römische Kaiser Marc Aurel (161–180) in seinen
«Selbstbetrachtungen» auf das Ende des menschlichen
Lebens zu sprechen kam, legte er den Menschen nahe, in
folgender Weise über sich und ihr Schicksal zu denken:
«Welch geringer Teil der unendlichen und gähnenden
Ewigkeit ist jedem zugeteilt! Denn schnell verschwindet
er im Ewigen. Welch geringer Teil der ganzen Sub-
stanz!... Auf welch geringer Scholle der ganzen Erde
gehst du! All dies bedenke und stell dir nichts als wichtig
vor, als zu handeln, wie deine eigene Natur es weist, und
zu leiden, wie die allgemeine Natur es bringt... Was
Schlimmes ist es..., wenn dich aus der Stadt wegschickt
nicht ein Tyrann und nicht ein ungerechter Richter, sondern die Natur, die dich hineingeführt hat? Wie wenn
einen Schauspieler der Prätor entläßt, der ihn in Dienst genommen hat. ‹Aber ich spielte nicht die fünf Akte, sondern
die drei!› Richtig, aber im Leben sind die drei das ganze
Drama. Denn, was fertig ist, bestimmt jener, der einmal für
die Mischung, jetzt für die Auflösung verantwortlich ist.
Du bist für beides nicht verantwortlich. Geh also heiter
weg, denn auch der, der dich entläßt, ist heiter.»
Marc Aurel, der letzte große Stoiker, riet mit diesen Worten zum Gleichmut gegenüber dem unerforschlichen
Schicksal, zur Ruhe des Sichabfindens und zu einer abge-
klärten Weisheit.
Es gehört viel Kraft dazu, so zu denken. Aber welch eine
Hoffnung liegt in dieser Tapferkeit des Sichabfindens und
in dieser Geduld eines unerschütterlichen Durchhaltens?
Und soll es die Natur des Menschen sein, nichts zu erhoffen und nichts zu erwarten, schon aus Angst vor tödlichen

Enttäuschungen und der jederzeit möglichen Enttäuschung des Todes?

Im Neuen Testament findet sich in der Gestalt des *Simeon* eine Person, die wie ein Gegenbild anmutet. Es handelt sich bei Simeon deutlich um eine legendäre Gestalt. Auch aus anderen Religionen (nebenbei gesagt) kennen wir derartige Erzählungen: wie ein Seher bei der Geburt, etwa des Buddha, dem Kind die Zukunft deutet. Wenn die Bibel solche Legenden aufgreift, dann stets, um gerade nicht eine scheinhistorische Anekdote zu erfinden, sondern um Gestalten zu schaffen, die etwas Wesentliches über unser Leben aussagen. Lukas faßt dieses Wesentliche über Simeon in einen einzigen Satz zusammen: «Der Heilige Geist hatte ihm geweissagt, er werde nicht sterben, bevor nicht seine Augen das Heil gesehen hätten» (2,26). Zweifellos hat Lukas recht. Wenn es irgend etwas von Grund auf Charakteristisches und Entscheidendes von einem Menschen zu sagen gibt, so ist es dies: er war jemand, der bis zu seinem Lebensende nicht aufgehört hat, daran zu glauben, daß er selbst das Heil sehen werde.

Es sind Menschen von dieser Art, die in dieser Welt so etwas wie «Heil» zu entdecken vermögen; die allen anderen dadurch auffallen, daß sie nicht mit dem zufrieden sind, was andere als Glück bezeichnen. Auch sie wissen nicht, auf was sie statt dessen eigentlich warten – nur, daß es mehr sein muß als das, woran die anderen glauben, das zeigt ein Mann wie Simeon. Wie sein Leben in Ordnung kommen soll, weiß vermutlich auch er von sich aus nicht zu sagen. Auch er wird sich wohl, wie Kaiser Marc Aurel, darum bemühen, immer wieder zu verstehen, warum all das Untragbare und falsch Gelaufene so ist; ja, es kann sein, daß er all dies am Ende sogar relativ besser versteht als die anderen, die sich beizeiten damit abgefunden haben.

Aber eben dies ist das Sonderbare an ihm: er wird nach wie vor, gerade weil er es versteht, das Ungeheuerliche und Entsetzliche weiterhin uneingeschränkt ungeheuerlich und entsetzlich nennen. Er wird es nicht normal finden, er wird sich nicht dreinschicken, er wird sich nicht abfinden, selbst wenn er es nicht ändern kann. Er wird die Sehnsucht nicht verlieren, daß sich in seinem und im Leben der anderen Menschen doch noch etwas ändert, er wird bedingungslos daran festhalten, daß sein Leben nur dazu gemacht ist, um heil zu werden. Auf diesen Glauben setzt er sein Leben. Er wird nicht sterben, ehe nicht seine Augen das Heil gesehen haben.

Woher bekommt ein Mensch wie Simeon dazu die Kraft? Von nichts auf Erden, was man menschlich fassen und erklären könnte. Immer, wo man auf einen solchen Glauben trifft, kann man im Grunde nur so denken wie Lukas: daß hier etwas wirksam geworden ist, das nicht von Menschen herstellbar und einzusuggerieren ist, was der Geist Gottes selbst im Herzen eines Menschen gesprochen und bewirkt hat.

Freilich kann man sagen: Simeon erwartet zu viel für sein Leben. Er sei naiv, so an der Wirklichkeit vorbeizuträumen. Als ein erwachsener Mensch müsse man sich endlich an die rauhe Wirklichkeit gewöhnt haben.

Gewiß ist das, woran Simon glaubt, ein kindlicher Traum – *kindlich* zu nennen deshalb, weil sich darin eine Sehnsucht ausdrückt, die in jedem Menschen seit Kindertagen liegt, und *traumhaft,* weil sie dem folgt, was als das einzig erstrebenswerte Ziel des ganzen Lebens gilt: daß sich unser Dasein zu einer wirklichen, wesenhaften Gestalt zu entwickeln und zu vollenden vermag. Auch das Christentum ist in diesem Sinne ein «kindlicher Wunschtraum».

Gewiß: weder die Hoffnung noch die Vision des Simeon ist

für einen Außenstehenden beweisbar. Sie lebt nur in ihm selber, und nicht einmal ihre Erfüllung ist für die Augen eines Freundes sichtbar. Was denn hält Simeon schon in seiner Hand, das ihn so jubeln läßt? Das, was in ihm selber lebt: *ein Kind.* Dieses heil Gebliebene und Unzerstörbare, dieses Bild ist Simeons Gewißheit. Sein Dasein endet nicht in stoischer Resignation, mit dem heroischen Schwanengesang des Fatalismus. Es schließt sich für ihn in der ruhigen Zuversicht: sein Ende wird Vollendung sein: in Heil und Frieden entläßt Gott jetzt seinen Diener. Dieses Kind, das er auf seinen Armen trägt, wird, einst erwachsen, mit seinem Leben selbst beweisen: kein Mensch darf je in seinem Leben zufrieden sein mit etwas, das weniger als Gott ist, und mit etwas Geringerem, als was ihn selbst in seinem ganzen Dasein meint und leben läßt.

Das Wunder am See

Das Wunder am See von Genezareth besteht nicht in einem reichen Fischfang (Lk 5,1–11). Es besteht darin, daß ein Mensch dahin gelangt, sich Gottes wert und würdig zu fühlen. Nicht, daß in einer Nacht die Jünger mit leerem Netz zum Ufer zurückkommen und wider Erwarten am Tage die Boote mit einem reichen Ertrag füllen, ist das Wunderbare, sondern der Reichtum des Fischfangs ist nur ein Bild für den oft langen Weg in unserem Leben, auf dem wir von Armut zu Reichtum und von innerer Erkenntnis zur Wahrheit Gottes hingelangen.

Alles beginnt mit einer Entdeckung, wie sie uns nicht selten plötzlich und jäh fast überfällt. Soeben noch hat Petrus in seinem Boot den Herrn reden hören; er hat Worte vernommen, wie sie in dieser Weise vielleicht noch niemals an sein Ohr gedrungen sind, und dennoch müssen sie imstande gewesen sein, alles, was er in sich trug, anzurühren und bewußtzumachen. Das erste Wunderbare an diesem Morgen am Ufer des Sees Genezareth geschieht offenbar dadurch, daß Petrus in gewissem Sinne innerlich merkt, wie leer seine Netze trotz aller Anstrengung und Arbeit bisher sind.

Man mag sich vorstellen, *wie* Christus an diesem Morgen gesprochen hat – Lehren, wie er sie auch sonst vorzutragen pflegte. Etwa: der Mensch lebt nicht vom Brot allein; unser wahres Leben wird nicht danach bemessen, wodurch und mit welchen Verfahren wir uns am Leben erhalten, sondern nach den Inhalten und Zielen, die uns Sinn und Halt und Ordnung geben; ein Mensch lebt wesentlich von jedem Wort, das aus dem Munde Gottes kommt; sorgt euch nicht ängstlich um Nahrung und Kleidung, diese

Angst teilen nur die Menschen, die Gott nicht wirklich kennen; strengt euch nicht an, euer Leben auch nur um eine Elle größer zu machen – Gott selber hat euch schon das rechte Maß geschenkt.

Worte dieser Art hat Jesus immer wieder gesprochen, wenn er zu Menschen von Gott redete. Aber etwas Wunderbares ist es, daß sie im Herzen eines Menschen wie Petrus irgendwann einmal so tief fallen können, daß ihm alles, was er bislang sein Leben nannte, erscheinen muß wie eine nicht endende Nacht. Hat nicht auch Petrus, wie wir alle, ständig voller Angst sich gerade darum am meisten gekümmert, wie er sich gegen alle Bedrohung und Gefahr am Dasein erhalten und versuchen kann, möglichst viel an «Ertrag» nach Hause zu bringen?

Anstrengend genug war das bisherige Leben, gewiß, und trotzdem blieb es innerlich oft so unbefriedigend; kunstfertig, fleißig und tüchtig war es bestimmt, und trotzdem werden wir das Gefühl nicht los, nach allem Abarbeiten immer noch, ja sogar erst recht mit leeren Händen dazustehen. Es ist, wenn wir die Worte Jesu derart in unser Leben einlassen, als ob sie alle unsere Sehnsucht mit einemmal zur Sprache bringen würden und alles das, worauf wir immer hoffen mochten und was wir dennoch nie zu glauben wagten, wie eine endgültige greifbare Möglichkeit und Erfüllung vor uns aufrichteten. Es ist in diesem Augenblick, als ob wir mit Bewußtsein, am hellen Tag, das Leben noch einmal ganz von vorn gestalten dürften, könnten, möchten und müßten. «Auf dein Wort hin», wie Petrus sagt; und es ist deutlich spürbar, daß dieses neue Leben reich sein wird bis zum Übermaß. Wir fühlen uns wie schwerelos und entdecken zur eigenen Überraschung in unserem Leben einen derartigen Reichtum, den wir wie einen unerhörten Segen Gottes in uns tragen, daß uns die ganze Welt wie neu zurückgeschenkt erscheint vor Glück und Erfüllung.

Dennoch wird immer im Leben eines Menschen gerade in diesem Augenblick der möglichen Erfüllung noch einmal und endgültig, aber jetzt auch am furchtbarsten, ein ungeheurer Schrecken ausbrechen. Gerade in dem Moment, da Petrus deutlich weiß, wovon er wirklich leben könnte und wofür er da sein möchte, empfindet er sich selbst als vollkommen unwürdig in den Augen Jesu. Er wirft sich dem Herrn zu Füßen und bittet ihn, nur ja weit von ihm wegzugehen, weil doch ein Unwürdiger wie er seine Nähe nicht verträge und ihn nicht stören, ihm nicht lästig werden und ihn nicht mit seinem viel zu kleinen Leben noch zusätzlich beschweren möchte.

Die vielleicht schwerste und härteste Anfechtung, die wir zu durchmessen haben, besteht darin, die Wahrheit deutlich vor uns zu sehen, sie zum Greifen nahe zu spüren – und dennoch zu glauben, daß wir uns wie eine entsetzliche Ausnahme davon fernhalten müssen. Immer ist es das Gefühl, nicht würdig und nicht genug zu sein, das uns von den eigentlichen Möglichkeiten des Glücks auszuschließen droht. Demgegenüber ist es ein wunderbares Wort, das Jesus an Petrus richtet: «Fürchte dich nicht». Und Jesus fügt hinzu, was in diesem Augenblick auf Petrus und alle anderen vollends überraschend wirken muß: «Von jetzt an wirst du Menschen fangen.» So geschieht es oft: daß uns in der tiefen Nacht die Augen hell werden für die Not der anderen Menschen, wir in der Erkenntnis der eigenen Armut Verständnis gewinnen für die Armseligkeit der anderen, im Bewußtsein der eigenen Fehler Geduld und Verständnis erlangen für das Durcheinander im Herzen anderer. Deutlich wissen wir, daß der wahre Reichtum unseres Lebens darauf beruht, in jeder Stunde und in jedem

Augenblick denken zu dürfen, daß wir bei Gott geliebt und gern gesehen sind.

Wenn Petrus sich bei diesen Worten unter dem Anruf Christi aus dem Staub erhebt, dann in dem Bewußtsein, von den Menschen, auf die er jetzt zugehen wird, durch eigene Angst in alle Zukunft niemals mehr getrennt zu sein. Es wird nie mehr sein müssen, daß er seinem Leben eine Elle hinzufügen müßte, um anderen Menschen wert zu sein. Ein für allemal wird er, mit sich im Einklang, offen sein können für die Not anderer ringsum, und immer wieder wird dieses Wunder sich ereignen, daß leere Netze und Hände sich füllen. Unsere wirkliche Leere besteht ja nur darin, stets reicher und erfüllter scheinen zu müssen, als wir wirklich sind. Aber wir haben vor Gott nichts zu befürchten, wir sind trotz aller Armut seiner nicht unwürdig. Wer diese Lehre am eigenen Leib erfahren hat, der wird auf wunderbare Weise Menschen in seinen Bann zu ziehen vermögen; er wird sie gewinnen können für das Reich der Ewigkeit, für das unsichtbare und doch so wunderbare Königreich des Himmels, für den Reichtum der Unendlichkeit inmitten der Armseligkeit der Erde.

*Als Gesegnete
mit allen im Einklang leben*

Auf der Suche

Niemand bestreitet, daß der Mensch nicht vollkommen ist. Aber er ist auf dem Weg, es zu werden. Nicht in dem, was wir sind, aber in dem, was aus uns werden kann, sind wir unendlich.

Unser Leben ist eine Ellipse zwischen zwei Polen. Es gibt einen endlichen Pol; an ihm herrscht die Notwendigkeit. Hier gehen wir auf die Suche nach unserer Nahrung und Kleidung, werden wir getrieben von unseren Bedürfnissen, müssen wir Häuser bauen und unseren Besitz vermehren. Aber am anderen Pol unseres Wesens suchen wir nicht Reichtum, sondern Frieden, nicht Nützlichkeit, sondern Freiheit, nicht Lohn, sondern Liebe. Hier hört die Herrschaft der Notwendigkeit auf, und es beginnt die Zone, wo wir bei Gott sind.

Beide Pole gehören zusammen, die Welt der Notwendigkeit und des Gesetzes ebenso wie die Welt der Freiheit und der Liebe. Wer nur die atemlose Aktivität der Welt sieht, die Fülle und das sich überstürzende Durcheinander ihrer Energieentladungen und Impulse, muß zu einem pessimistischen Weltbild verurteilt sein. Es geht ihm wie einem Schüler, der Tag um Tag die lateinische Grammatik lernt, ohne einen einzigen lateinischen Satz im Zusammenhang zu lesen – eine Notwendigkeit ohne Sinn. Wer die Welt so betrachtet, wird Schopenhauer zustimmen müssen: daß sie eine ungeheure Ansammlung von Ziellosigkeit und nutzloser Vergeudung ist. So aber ist es nicht in Wahrheit. Zwar: an der Außenseite der Dinge beobachten wir das Auf und Ab ihrer Bewegungen und das Kommen und Gehen ihrer Gestaltungen; hier erscheinen uns die Dinge wie Marionettten an den Fäden einer ehernen

Notwendigkeit. Aber tief im Inneren der Dinge vernehmen wir eine Musik, die ihnen aufspielt und nach der sie tanzen. Hier ist die Welt ein großer Einklang, und alle ihre Gesetze sind wie die Straffung der vier Saiten einer Geige, die gerade so gespannt sein müssen, damit die Harmonie des freien Spiels auf ihr zustande kommt. Alles geht in unserem Leben nur darum, den Klang dieser ewigen Melodie zu hören und ihr die eigene Existenz zu leihen, als Resonanzkörper, als Instrument.

Es gab eine Zeit, da lehrte die Religion die Menschen beten, daß Gott die Gesetze seiner Natur an die Wünsche des einzelnen anpassen möge. So haben wir als Kinder gebetet, daß beim kommenden Schulausflug die Sonne scheinen sollte. Es gab auch eine Zeit, in der die Religion die Menschen lehrte, auf die noch unentdeckten Gebiete der Natur und auf die unheimlichen Vorgänge des Lebens wie Krankheit und Tod den Namen Gott zu schreiben. Aber immer verband sie doch mit Gott die Vorstellung eines Ziels und eines Sinns auch für unser kleines Leben. Immer auch, wenn sie nicht zur bloßen Magie herabsank, endete sie mit dem Willen, anzunehmen, was an Schicksal von Gott zu tragen auferlegt wurde.

Seitdem aber Kenntnisse um die Zusammenhänge der Natur immer geschlossener und einheitlicher geworden sind, wurden die Menschen immer mehr dazu erzogen, auf die Mechanik der Natur zu starren und sie undankbar als etwas Selbstverständliches und Gewöhnliches anzusehen, das sie mitunter als feindlich bekämpften und oft genug als unmenschlich verachteten. So verloren sie Gott aus den Augen.

Eine Zeitlang beteten sie aus Gewohnheit und mit schlechtem Gewissen weiter; sie verkehrten noch offiziell mit dem Absoluten, persönlich aber stellten sie den Kontakt mit ihm ein und empfanden die Frage nach Gott als langweilig. In Wahrheit aber ist damit die Welt klein und eng geworden. So als sei sie nur dazu da, unsere Bedürfnisse zu befriedigen, sehen wir sie durch den Schleier unserer Begierden an. Aber sind wir wirklich dazu geboren, Besitzrechte über diese Erde auszudehnen und aus ihr eine Marktware zu machen? Ist unser Leben wirklich nur dazu da, sich am Leben zu erhalten? Wenn unser ganzer Wert nur darauf ausgeht, die Welt auszubeuten, so verliert sie in Wahrheit jeden Wert für uns. Und das ganze Paradox unseres Lebens besteht darin, daß wir alle Dinge nur besitzen wollen, um etwas zu erreichen, das wir nie als Besitz erreichen können.

Man verlangt oft, daß einem die Existenz Gottes bewiesen werde. Aber diese Forderung ist ebenso töricht, wie wenn man jemandem die Existenz des Lichtes beweisen wollte. Wir machen die Augen auf, und wir sehen – nicht das Licht, aber alles im Licht. So sehen wir auch Gott nicht, aber alle Dinge erscheinen anders von Gott her. Nicht um Beweise, sondern um Hinweise und Aspekte muß es daher gehen.

Wir können Gott nicht einreihen neben Sommerhäuser, Autos und Bankkredit. Wenn wir von Gott sprechen, müssen wir versuchen, den tiefsten Beweggründen unseres Lebens nachzugehen. Und da werden wir finden, daß wir niemals leben, um unseren Besitztümern noch einen weiteren Besitz hinzuzufügen. In Wahrheit suchen wir uns gerade freizumachen von dieser rastlosen Sucherei nach Dingen, die wir zwar benötigen, die uns aber noch nicht sattmachen. In Wahrheit suchen wir überhaupt keinen Gegenstand, sondern einen Zustand in uns selber zu erreichen, und wir entdecken, daß wir diesen Zustand gar nicht erreichen können.

Der Zustand, den wir anstreben, ist ein reines Geschenk; die Dankbarkeit, die Freude sind seine Vorboten. Es ist eine höchst bleibende Freude in einem unvergänglichen Einklang mit allem, ein Aufgehen in der Anerkennung, in der Güte und im Geltenlassen von allem, ein Empfinden, daß in allem, was ist, ein und derselbe Geist sich regt. Dieses sichere Getragensein auf ewig ist es, wozu uns alles, was wir tun und erwerben, dienen soll. Um nichts anderes geht es: alle Dinge als Geschenk zu sehen, die Sprache wieder zu hören, mit der die Schönheit und die Zärtlichkeit aus dem Inneren der Welt zu uns redet, und sich Gott zu überlassen, der in allem wohnt. All unsere Gebete sind nicht Versuche, Gott zu erringen oder gefügig zu machen, sondern uns in ihn zu versenken, an ihm teilzuhaben, uns ihm hinzugeben.

Propheten und Priester

Fragt man einen Moslem, wo sein Gott wohnt, so wird er zum Himmel zeigen und sagen: dort wohnt Gott. Fragt man einen Hindu, so wird er auf die Erde zeigen, auf die Tiere, die Blumen, und sagen: hier, überall wohnt Gott. Fragt man einen Buddhisten, so wird er auf einen Mönch zeigen, der in Versenkung sitzt, und sagen: dort ist Gott. Fragt man aber Christen, so zeigen sie vielleicht auf ein Stück Brot und einen Becher Wein und sagen: dies ist Gott. Aber wir meinen damit den Himmel und die Erde und die Andacht und uns selbst. Denn alles dies ist Christus, und alle Wege führen zu ihm hin. Es handelt sich, wenn man so will, um eine außerordentlich nüchterne Mystik. Um Hunger geht es und um Essen, um Nahrung und Verdauen. Um unser Leben geht es – oder um das, wovon wir leben.

Wenn wir an die Eucharistie denken, dann denken wir in der Kirche an die Priester. Gewiß gibt es die Feuergeister, die Propheten, mit ihren glühenden, beschwörenden Visionen von der Welt, wie sie sein soll. Propheten ziehen in Jahrhunderten nur selten auf, wie ferne leuchtende Kometen. Ihr Wort scheint die Erde zu streifen wie ein noch nicht eingelöstes Unheilszeichen, das aufflammt und sich wieder im Unendlichen verliert. Wo sie reden, ist es aber wie ein Sturm, der einen Steppenbrand entfacht und alles trockene dürre Gras, Laub oder Gehölz wegfrißt. Propheten dulden weder Kompromisse noch haben sie Verständnis mit dem Gestrüpp kleinlicher Halbheiten und kurzlebiger Augenblicksnotwendigkeiten. Sie wollen das Unbedingte. Alles Vordergründige, nur heute Gültige, zu kurz Gedachte reißen sie ein und fegen sie hinweg. Ihr

Atem ist wie der eines Orkans, der seine Energie aus den Tiefdruck- und Unterdruckterrains der umliegenden Landschaften saugt. An den Vakuumrändern des leer gewordenen Lebens gewinnt er seine Kraft. Und oft genug entwurzeln sie, knicken sie um, reißen sie fort, daß erst ein späteres Geschlecht die weit verstreuten, weit hinweggewehten Samenfäden des alten entblätterten Lebens wahrnimmt und dankbar neu anpflanzt.

Nicht so der Priester. Er will eher die Unruhe, den Gottesschrecken lindern, beruhigen und besänftigen. Es ist das alte, das uralte Erbe der Schamanen- und Brahmanenweisheit, in immer wiederkehrenden, nach Formeln festgelegtem Brauch und Ritus das immer Gleiche und Ewige zu feiern, die Angst vor der Vergänglichkeit, vor der Geschichte, vor all der Unruhe des Wandels mit einer einzigen Gebärde zu beschwichtigen. Ein Priester glaubt sozusagen nicht daran, daß das Entscheidende noch kommt, daß man auf irgend etwas warten müsse oder es gar nach einem ganzen Katarakt sich überstürzender Entscheidungen am Ende vorbereitet werden könne. Woran er glaubt, ist, daß das Ewige schon jetzt im Gleichmaß eines immer gleichen Tuns sichtbar gemacht, erfahrbar werden kann.

Für den Propheten ist Gott niemals eine sichere Sache, eher ein Magmaherd von Erdbeben und Eruptionen; dem Priester ist Gott wie ein Untergrund erkalteten Lavagesteins, zuverlässig, fest, solide, ein Fels, der ein und für allemal bezeugt und garantiert. Die Priester klagen nicht an, sie suchen alles zu verstehen. Sie glauben, daß die Welt als ganze nicht eine künftige, sondern die gegenwärtige, der Ort ist, wo Gott wohnt und herrscht. Gott ist für sie der Raum, sich auszuspannen und zu ruhen. Und umgekehrt: der Einklang und die Harmonie, der Friede mit sich selbst, die große absolute Ruhe – das ist ihnen Gott.

Man nehme das nicht harmlos als Ausdruck des Trägheitsgesetzes und der Bequemlichkeit. Die Priester widersprechen im Grunde nicht den Maßstäben der Propheten; nur glauben sie, daß Gott darauf verzichtet, sie an den Menschen anzulegen. Denn die Menschen könnten sonst nicht leben. Daß die Menschen überhaupt leben und dabei doch so sind – wie soll man das anders verstehen, als daß Gott ein für allemal sich mit dem Menschen abgefunden hat und ihm vergibt, gerade weil er von Grund auf zum Bösen neigt. Priester glauben nicht an die rasche Veränderbarkeit des Menschen. Sie halten nichts von aufrüttelnden Mahnungen. Ihr Ziel ist nicht die Umgestaltung, sondern die Verwandlung. Wo Priester wirken, bleiben sich die Dinge gleich, nichts scheint verändert. Und dennoch ändert sich im Innern die Bedeutung aller Dinge. Die Menschen tun, was sie immer tun: sie waschen sich, sie nehmen Nahrung auf, sie lieben sich – und doch geht dieses Tun nicht einfach auf in Wasser, Brot und Frau und Mann, sondern geht durch das Sichtbare hindurch auf Gott. Und die Vergangenheit mit ihrer Schuld und ihren Hypotheken verwandelt sich in Neuanfang und Möglichkeit. Alles bleibt sich gleich und ist doch anders.

Die Feier des Priestertums Christi, die Feier der Verwandlung des Brotes, der Vergöttlichung aller Dinge und des ganzen menschlichen Lebens steht in dieser Sicht im Mittelpunkt. Nichts gilt dem Christentum als zu gering, als zu verächtlich oder trivial, als daß es nicht als Träger Gottes oder Weg zu Gott in Frage käme. Im Gegenteil: gerade bevorzugt lehnt das Christentum sich an die Grundformen des Lebens an. Und es hat auch gar kein anderes Ziel, als diese Grundformen des Lebens zu verwandeln und zu heiligen, so daß beim Essen nicht mehr bloße Nahrung aufgenommen wird, sondern Gott selbst. Die Menschen leben nicht vom Brot allein, und ein Leben ist für sie kein Leben, das nur in Gang gehalten wird, bis daß sein absehbares Ende eintritt. Wenn sie essen, wollen sie leben; aber ihr Bedürfnis nach Leben erfüllt sich nicht im bloßen Essen. Und was sie eigentlich suchen, finden sie erst, wenn sie der winzigen Spanne des Daseins die Bedeutung und den Wert der Ewigkeit verliehen haben. Dieses unser Leben mit seinem harmlosen, banalen Allzumenschlichkeiten, mit seinen Größen und mit seinen Tiefen ist der Ort, an dem Gott wohnt. Denn Gott ist das, wovon wir leben. Und wenn wir «Nahrung» sagen, meinen wir Gott, und wenn wir Leben sagen, meinen wir Gottes Unsterblichkeit.

Gewiß: der Geist Gottes ist im Munde der Propheten. Aber Gott selber ist in dem kleinen Bissen Brot, den jeden Morgen irgendwo ein unwürdiger Priester unwürdigen Menschen reicht.

Tempelfriede und Herzensfriede

Es war gegen Mittag in dem großen südindischen Shivatempel von Madurai. Von den hohen Gopurams, den Tempeltürmen, verkündeten die Trompeten die Zeit der Ruhe. Der Strom der Betenden, Büßenden und Besuchenden ergoß sich aus den weiten Hallen, den Opferstätten und Reinigungsanlagen, so daß Stille die segnenden Götterstatuen, die kämpfenden Heroen und die grinsenden Dämonen entlang der Kaskaden der Säule umgab. Da sah ich die Brahmanen liegen, ausgestreckt auf den kühlen Steinen in den schattigen, verborgenen Winkeln des Tempels, schlafend neben den Schriftrollen der Jahrtausende alten vedischen Texte. Da dachte ich: Wie Samuel, als er im Tempel von Silo neben der Lade seines Gottes schlief! Ein wunderbares Bild, gefüllt von Priesterweisheit. Denn etwas anderes können alle Riten, Gebete, Opfer und Beschwörungen der Religion nicht vermitteln, als was diese hinduistischen Priester mit Selbstverständlichkeit für sich in Anspruch nahmen: einmal ausruhen zu dürfen an einer Stelle, wo man Gott nahe ist, wo alles stimmt, versichert und bestätigt durch die Lehre und Überlieferung der kostbarsten Offenbarungen Gottes, wo alles feststeht und vollendet ist.

Und doch ist dieser Tempelfriede in seiner Äußerlichkeit in gewisser Weise unwahr, auf jeden Fall bedroht, unsicher und gefährdet. Niemand hat im Alten Testament diese Erfahrung schmerzlicher machen müssen als Samuel. Er hat erleben müssen, wie die offiziellen Vertreter der Religion zu einem lächerlichen Popanz entarten, zu unwürdigen Kleingeistern, die im Tempel zwar Opfer darbringen, aber sich um die besten Fleischstücke raufen; infantile Egoisten, die mit dem Segen der Religion für ihre privaten und allzumenschlichen Interessen sorgen und sich ein möglichst großes Stück vom Opferfleisch der Gläubigen abschneiden möchten. Samuel war es bestimmt, in eine Zeit gestellt zu werden, in der sogar der Tempel selber profaniert wurde, in der sogar das Heiligtum, das die Gegenwart Gottes sichtbar bekundete, die Bundeslade, in die Hände der erklärten Gegner und Feinde der Religion geriet. Was ist zu tun, wenn alles einstürzt, was sonst Halt und Sicherheit hat geben können, wenn alles, Lehre und Heiligtum, in Frage stehen, wenn nirgendwo mehr Festigkeit und Hilfe winkt?

Die Erzählung von der Berufung des Samuel (1 Sam 3) zeigt, wie es nach dem Zusammenbruch des Äußeren einen anderen und tieferen Frieden geben kann, der aus dem Anruf Gottes selbst erwächst. Freilich: gerade dieser Weg zum Frieden in Gott beginnt mit einem Höchstmaß an Unruhe, mit quälenden Fragen und schlaflosen Nächten. Irgendwann stellt sich für jeden diese Frage: was es denn nun mit meinem Leben ist, was denn nun für mich selber gelten soll. Und sicher werden wir dann wie Samuel zu den anerkannten Autoritäten, zu unseren Freunden und Lehrern gehen, um sie um Rat zu bitten. Denn es liegt so nahe, es ist gewissermaßen unvermeidlich, zunächst die Stimme Gottes mit menschlichen Worten zu verwechseln.

Immer, wenn wir in den wesentlichen und tragenden Entscheidungen uns von anderen sagen lassen möchten, was für uns richtig ist und wie es mit unserem Leben steht, gehen wir wie Samuel zum Priester Eli in der Meinung, dieser habe ihn gerufen. Immer wenn wir jemand anderen dazu bringen möchten, mit seiner Zustimmung unser Leben mit seiner Fragwürdigkeit und Verantwortung zu tragen, begibt sich dieses Nachtgespräch, das nur so enden kann: «*Ich* habe dich *nicht* gerufen.» Mehr kann in diesen letzten Fragen niemand dem anderen sagen als: «Ich bin nicht dein Gott. Ich kann nicht für dich entscheiden, wer du vor Gott bist. Ich habe kein Recht und keine Befugnis, mich an die Stelle des Gotteswortes zu setzen. Nur eines weiß ich: Du brauchst unter den Augen Gottes nicht unruhig herumzulaufen wie die Maus vor der Katze. Du kannst hier ganz ruhig sein. Im Unterschied zu Menschen, die ständig ihre Meinung ändern, spricht Gott immer wieder, beharrlich und unüberhörbar, die gleichen Worte. Das einzige, was not tut, ist, daß du nicht unruhig wirst. Lege dich schlafen. Aber wenn du nach innen hörst und die Stimme vernimmst, so sei bereit. Erkläre, daß du einverstanden bist, daß du sein Diener sein wirst.» Man stelle sich vor, es fragte uns jemand: «Hast Du mich nicht gerufen?» — würden wir da nicht alles Mögliche auf den Kopf stellen, um mit allem Planen und Machen am Ende doch nur gerade zu verhindern, daß der andere die Stimme der Stille hört, die sich in ihm und nur in ihm zu Wort meldet?

Aber dagegen dieses innere Hören auf die Worte Gottes! Die Überzeugung, die aus diesem Hören erwachsen muß, vermerkt der Erzähler von der Berufung des Samuel in der unübertrefflich dichten Feststellung: daß Gott keines seiner Worte ungeschehen ließ. So ist es: wir wissen, daß wir das Wesentliche in unserem Leben nicht vom Zaun zu brechen brauchen noch zu brechen vermögen, daß wir unsere Zukunft in den eigentlichen richtunggebenden Weisungen nicht vorweg ausrechnen und erklügeln können. Aber dieses Vertrauen dürfen wir haben: daß Gott mit uns das Rechte tun wird und daß er treu in seinem Wort ist.

Aller Friede liegt darin, mit dem, was Gott im eigenen Inneren zu uns redet, einig und einverstanden zu sein. Man kann dem Menschen alles nehmen, woran er äußerlich sein Herz hängen mag: seinen Tempel und sein Heiligtum, seine Stützen und Maßstäbe, sein Gelerntes und Geopfertes. Aber nicht kann man dem Menschen nehmen sein Herz, das fähig ist, die Worte seines Schöpfers zu vernehmen. Und wenn der Tempelfriede Gottes einstürzt, ja von Gott selber zum Zusammenbruch gebracht wird, so gibt es doch den Herzensfrieden Gottes, der in der Nacht beginnt, da wir die Stimme Gottes hören.

Priester und Prophet

In einer ziemlich abgelegenen Gemeinde im Sauerland sprach ich vor vielen Jahren einmal mit einem alten Pastor. Alt war er nur seinem Alter nach, geistig war er jung. Man altert ja nach dem, was man erlebt, und manche Kinder werden in den ersten Jahren ihres Lebens «älter» als andere in fünfzig Jahren. Diesen Mann hatte Geschick und Charakter jung erhalten, und er war weise. Er verstand das Leben und beurteilte es milde. Er war ein guter Priester.

Mit ihm sprach ich über das Bild, das er sich von seiner Aufgabe macht. Da sagte er, und diesen Satz werde ich nie vergessen: «Ein Priester ist doch kein Prophet.» Wir waren eine kleine Anhöhe hinaufgegangen, als er fortfuhr: «Sehen Sie diese Dächer mit ihren Schornsteinen und Schieferpfannen? Unter jedem wohnen doch Menschen, und ich versuche, sie mit meinem armen Wort zu Gott zu führen. Und glauben Sie, die Leute wissen schon den rechten Weg; es kommt nur selten vor, daß ich wirklich einschreiten und korrigieren muß. Ich räume Steine aus dem Weg; das ist für mich das wichtigste: mitgehen, Hindernisse beseitigen und sehen, daß niemand zurückbleibt.»

Der Raum, in dem ein Priester wirkt, ist die Gegenwart und Nähe Gottes, darum kann er gütig und sanft und sogar voll Erbarmen sein. Der Raum, in dem Propheten wirken, ist dagegen grundsätzlich der Raum der Ferne und der Leere Gottes; darum müssen sie oft schroff, unerbittlich und schon wie mutwillig verletzend sein.

Die Berufungsgeschichte der vielleicht größten religiösen Gestalt Israels neben Mose, die Erzählung von der Erwählung *Samuels,* beginnt mit der schwermütigen und drohenden Einleitung: «In jenen Tagen war Anrede von Gott (selten und) kostbar geworden, keine Schauung brach durch» (1 Sam 3,1). Diese Abwesenheit Gottes ist die Kulisse, vor der Propheten auftreten. Und sie wird in dem Bericht perfekt gestaltet. Die Offenbarung, die Samuel zuteil wird, erfolgt an dem Heiligtum der Lade, an dem Wohnsitz Gottes, dort, wo die Priester ihren Dienst tun, da, wo man den Herrn gegenwärtig glaubt. Und an genau der Stelle wird nun klar: dort, wo die Priester Gott kultisch verehren, gibt es Gott nicht, gerade dort herrscht Götzendienst, gerade dort gilt es, Magie und falsche Frömmigkeit zu beseitigen. Es ist mitten in der Zeit der Philisterkriege. *Richter,* das heißt Männer, die vom Geist Gottes ekstatisch dazu angetrieben werden, die israelitischen Streitkräfte gegen die Gefahr der eingedrungenen Völkerstämme und die Randstaaten zu organisieren und ins Feld zu führen, solche Männer finden sich nicht. In dieser Notlage, in der man ein klares und entschiedenes Eingreifen Gottes erwartet und seine Hilfe ausbleibt, greift die Priesterschaft von Silo zu einer äußerst kühnen Notmaßnahme: sie will die Lade selbst, die man als Wohnsitz Gottes glaubt, mit in die Schlacht führen und so Gott zwingen, hilfreich einzuschreiten. Da gerät bei Eben-ha-ezer die Lade in die Hände der Philister. Der Versuch der Priester, sich Gott in Gestalt der Lade zu bemächtigen, ist gescheitert. In dieser Zeit, in der sich Gott zum Strafgericht rüstet, in einer Zeit ohne Lade, ohne Heiligtum, anstelle der verurteilten Priesterschaft, soll Samuel als freier Prophet die göttliche Stimme tragen. Es ist die erste Unheilsweissagung des Alten Testaments, die jemandem in den Mund gelegt wird, dessen Namen wir kennen: Die Priesterschaft Helis wird ausgerottet werden. An der Spitze und getragen von den Prophetenscharen, verdrängt Samuel die gescheiterte Priesterschaft und ersetzt die priesterliche Führung durch die prophetische.

Immer wird mir angst und bange, wenn ich an diese Zeit Israels denke. Wenn Priester ein Volk führen, so tun sie es in den Geleisen des Überkommenen, Tradierten, Bewährten und Gesicherten. Im vierten Buch Mose, Kapitel 10, kann man lesen, wie zur Zeit des Mose die Lade dem Zug des Volkes nach Kanaan voranging und die Feinde zerstieben ließ. Genauso hätte jetzt die Lade dem Volk voranziehen sollen – und zog in den Untergang! Gerade wenn man Gott zu kennen und zu haben meint, hat man ihn offenbar nicht. Gott will nicht, daß man sich seiner bediene, statt ihm zu dienen.

Ein Priester wird immer die Vergangenheit und das Bestehende lieben, er wird den Kult gern haben und daran glauben, daß selbst in den abgestandensten und unbedeutendsten Gesten Gott sich ausdrückt. Ein Priester lebt vom unerschütterlichen Vertrauen zum Leben und zur Gegenwart Gottes im Leben. Nur von daher verstehen wir, wieso der kirchlichen Lehre nach alle Christen ein Volk von «Priestern» sind: alle, die Christus glauben, sagen ja nichts anderes, als dies: Gott ist in diesem Leben gegenwärtig. Ein Priester ist ein Mann, der segnet, das ganze Leben, in all seinen Erscheinungen.

Ganz anders ein Prophet. Er mißtraut grundsätzlich den Worten von Gott. Er hält es für möglich, daß selbst sie noch Betrug und Geschwätz sind und daß sich in allen gottesdienstlichen Verrichtungen nichts als Selbstsucht und Selbstbetrug versteckt. Er glaubt nicht daran, daß Gott schon einfach in der Gegenwart enthalten ist. Im Gegenteil: er glaubt, daß der kommende Gott die Gegenwart verbrennt. Ein Prophet segnet selten, viel öfter flucht und verflucht er!

Was sollen wir nun leben: den Propheten oder den Priester? Beides kann man nicht zugleich wollen, und offenbar kann man hier überhaupt nicht wählen. Man kann nur berufen werden, zu dem einen oder dem anderen. Gewiß, wir glauben, daß in Christus beides lebte: Priester *und* Prophet, Vollender *und* Erneuerer, Infragestellung und Rechtfertigung unseres Lebens. Aber wir als Glieder der Kirche, was machen wir?

«Die Propheten haben die Kirche niemals sehr geliebt, sowenig wie die menschliche Gemeinschaft. Sie leiden durch sie an der Herabsetzung Gottes in der menschlichen Verwaltung Gottes. Sie ertragen es schlecht, daß der Unbegrenzte in den Händen der Priester eine umschriebene Sache werde, begrenzt und verwaltet wie irgendein Gebiet dieser Erde, und daß die Unwissenheit über den Abgrund artige Pfade für die Herden zieht. Und doch ist für diese Herden ein Weg notwendig und von Gott auch vorgesehen. Und die Kirche, in ihrer mittelmäßigen Verleiblichung – irgendeinem unbedeutenden Priester, der jeden Tag Gott lenkt und dem Menschen gibt –, spendet mehr Licht als der höchste Seher mit dem schärfsten Blick, der ihm nichts zu geben hat als die Begeisterung seiner erhabenen Augen. Der Atem Gottes ist in den Propheten. Aber Gott selbst ist in dem Bissen Brot, der jeden Morgen von einer unwürdigen Hand gebrochen wird. Deshalb gehe ich – zwischen einem Priester und sieben Propheten – zum Priester.»

Die französische Dichterin Marie Noël, die das geschrieben hat, hat recht. Man kann nicht leben ohne Barmherzigkeit, ohne Verständnis. Ein Priester sollte ein Mensch sein, in dem Gott seine Schöpfung, alle Menschen, segnet. Aber er sollte vor allem sich selber öffnen für das, was ihm am meisten widerspricht und in den Händen Gottes doch am einsamsten ist: gegenüber dem Wort, der Botschaft und der Person eines Propheten. Wenn die Propheten nicht leben dürfen, wird der Priesterdienst, die Priesterherrschaft tödlich.

Dankbar sein für das Gute
in all seinen Formen

Vom Unkraut im Weizen

Nicht nur verträumten Seelen ist es eigen, sich eine Welt zu erhoffen, die es so nicht gibt. Denn wie sollten wir die Welt, wie sie ist, ertragen ohne die Vorstellung und Erwartung jener Welt, wie sie sein könnte und uns sogar verheißen ist?

Nur wer die Welt unter der Größe ihrer endgültigen Bestimmung sieht, wird unter ihrer jetzigen Gestalt nicht zum Spötter und Verächter. Aber auch: nur wer sie zugleich in ihrer Armut sieht und begreift, daß er an all dem Unheil selbst die Schuld trägt, wird sich nicht zu einem mitleidlosen und tyrannischen Despoten und Scharfrichter über seinesgleichen aufwerfen. Beide Erkenntnisse sind unerläßlich, um diese unsere unglückliche Welt mit ihrem schmerzvollen Leben liebzugewinnen: die Einsicht des Guten und die Nachsicht mit dem Bösen.

Für Menschen, die das Gute wollen, gibt es wohl keine größere Versuchung als die Gewalt. Diese Gerechten, diese vollkommenen Menschen, lieben es, nach den Worten der französischen Dichterin Marie Noël, in sich ein Polizeigewissen zu unterhalten, das alle Pfade belauert, um die Sünde zu ergreifen, die vorbeigeht. Tag um Tag nehmen sie die Strapazen auf sich, zu messen, auszurichten, zu schneiden, zu stutzen und zu hobeln, bis daß sie aus jedem Nußbaum eine ordentliche Sargplanke gemacht haben. Sie vergessen ganz, daß ein Heiliger gar nicht ein in diesem Sinne vollkommener Mensch ist. «Wenn Gott ein Heiliger im Sinne der Vollkommenen wäre, so hätte er in der Welt vielleicht die Tauben erschaffen können, aber nicht die Schlangen. Aber auch die Tauben hätte er nicht als männlich und weiblich erschaffen können, er würde nicht gewagt haben, die Liebe zu erschaffen, er würde nicht gewagt haben, den Frühling zu erschaffen, der alles Fleisch auf der Erde bedrängt. Und alle Blumen würden weiß sein. Wenn Gott ein Mensch wäre, würden ihn die Moralisten dieser Erde unter die Zensur fallen lassen» – so wie es denn auch geschehen ist, als Gott Mensch wurde.

Es ist eine der wunderbaren Lehren Jesu, daß man mit dem Bösen nicht fertig werden kann, indem man es ausrottet (Mt 13,24–30).

Bis zu dem Augenblick, in dem wir im Himmel Gott begegnen, sind für uns die Quellen des Guten untrennbar mit den Quellen des Bösen verbunden, und es ist sinnlos, das Erdreich immer tiefer aufzugraben, um dem Bösen auf die Spur zu kommen. Selbst im Leben der Kirche gibt es wohl keine größere Tragik als die, daß immer wieder Menschen, die sich sehr um die Befolgung der Lehren Christi bemühen, am Ende ganz und gar dem Leben entfremdet werden, ja, schließlich sich sogar in Gefühlen des Selbsthasses verlieren und dann auch schon Gott nicht mehr dafür danken können, überhaupt geschaffen zu sein. Als wenn auch Jesus nur in die Welt gekommen wäre, um uns mit nie endenden Schuldgefühlen zu überhäufen!

Gewiß, gemessen an dem absoluten Maßstab Gottes bleiben wir schuldige, armselige und unvollkommene Menschen. Aber es wäre ganz und gar nicht im Sinne Jesu, daraus den Schluß zu ziehen, daß wir ihn fortan solange meiden müßten, bis wir uns mit viel Anstrengung endlich soweit geheiligt und gereinigt hätten, daß wir ihm wieder in die Augen sehen könnten. Denn das werden wir nie können, jedenfalls nicht aus eigener Kraft. Warum also sollen wir Gott nicht einmal sagen, wenn wir ihn in der Gestalt des Abendmahls empfangen, wie wenig wir ihm mitgebracht haben? Müßte er denn zu uns kommen, wenn es anders wäre? Und würde es überhaupt die Feier seines Todes geben müssen, wenn es sich nicht so verhielte? Alle Hoffnung dieser Welt ist einzig darin gelegen, daß Gott die Kräfte unseres Bösen zum Guten leiten kann. Offenbar muß man in bezug zu Gott einmal dieses unverschämte Vertrauen aufbringen dürfen, einfach nur dankbar zu sein für das, was er uns schenkt; nichts kann verkehrter sein, als nur immer wieder neue Schuldgefühle und neue Sorgen sich zu machen, selbst dann noch, wenn er uns in seine Nähe rufen möchte. Wir werden mit Gott niemals quitt. Das ist der Grundgedanke der ganzen «Religion» Jesu. Wir werden für die Summen unserer Schuld vor Gott niemals aufkommen können. Gott muß sie schon von sich aus übernehmen...

Die Devise kann also nicht lauten wie für den Engel Michael: vernichtet das Böse; sie kann für uns Menschen nur lauten: laßt das Gute wachsen.

Marie Noël schildert in ihrem Tagebuch auch, wie *sie* diesen Wechsel in der Einstellung ihres Lebens vollzogen hat.

«In der Zeit, da ich schwarz sah, rackerte ich mich nach jedem Tag ab, mein mit Sünden belastetes Gewissen zu durchwühlen und zu scheuern. Jetzt mache ich meine Abrechnungen anders. Ich suche nicht mehr nach meinen Unvollkommenheiten, sondern nach meinen Schulden. Ich sehe in meinem Herzen alles durch, was ich im Laufe des Tages von anderen empfangen habe, diese kleinen oder großen Beweise der Güte des Menschen, der mir unterwegs Almosen gegeben hat, alle meine Wohltäter rufe ich mir zurück in meinem Gebet vor dem Einschlafen: die alte Nachbarin, mit den starken Händen, die am Abend meine Fensterläden schließt, die andere, die sieht, wie mich alles belastet, und die mir auf der Schwelle der Tür rät und hilft. Wie viele Leute sind heute gutherzig meinen Armseligkeiten zu Hilfe gekommen, meiner Ungerechtigkeit, meiner Ohnmacht, etwas Gutes zu tun. Die Leute, die mir Gutes getan haben, sind auf diese Weise zahlreicher als jene, die mir Böses getan haben. Und dann haben noch die meisten von denen, die mir geschadet haben, es getan, ohne Böses zu wollen, und ihre am meisten verletzende Gabe ist mir vielleicht nützlich gewesen wie eine Arznei. Für sie alle singe ich meine Litanei des Dankes am Abend. Und wenn meine Rechnung erledigt ist, schlafe ich darüber ein und vereinige meine so wenig gefüllten Hände mit der Güte Gottes und dem Dank der Menschen. Ich glaube, daß diese Übung der Dankbarkeit, so zutraulich, so herzlich, Gott mehr Freude bereiten muß, ebenso wie mir selbst, viel mehr als früher mein Ausgraben des Gewissens, und wenn ich Mutter Äbtissin oder einfach Familienmutter wäre, so würde ich dies meine Kinder lehren.»

Es gibt in der Tat nur ein Mittel, an der Last des Unkrautes nicht zu ersticken und am Ende in Bitterkeit müde zu werden: die Dankbarkeit für das Gute in allen seinen Formen. Das Gute wachsen zu lassen, nicht das Böse auszumerzen, ist die Lebensregel Jesu.

Man muß doch sagen, daß das nicht nur von dem Leben eines jeden einzelnen, sondern ebenso von dem Leben der Welt im ganzen gilt? «Gott», meinte Stefan Andres, «geht nicht nach Utopia! Aber er ist gekommen auf diese tränenfeuchte Erde, und er kommt und kommt, immer wieder. Denn hier ist unendliche Armut, unendlicher Hunger, unendliches Leid. Und offenbar liebt Gott das ihm ganz andere, offenbar liebt er den Abgrund, und er braucht – Sie werden das schon richtig verstehen –, Gott braucht unsere Sünde, um ganz, um bis zum Äußersten zu zeigen, daß er Gott ist, die Liebe, das Erbarmen selbst. Gott ergießt sich. Und so kommt er in diese Welt, *weil* sie unvollkommen ist und ihn braucht wie das Brot. Wir selber sind Gottes Utopia, das einzige, das es gibt, eines im Werden.»

Zwischen der Vision der reinen Welt und dem Gewirr des Unkrautgartens unserer Erde hält Gott uns aus mit seiner unbegreiflichen Geduld, die alles noch zum Guten wenden wird.

Das Grundgesetz menschlichen Handelns

Eine Legende aus Kindertagen, deren Ursprung ich nicht kenne, geht mir bei der Lektüre des Evangeliums vom Unkraut im Weizen nicht aus dem Sinn.

Gefragt, was es mit dem Teufel auf sich habe, antwortete an einem Nachmittag mir meine Mutter, der Teufel sei eigentlich der beste, reinste, klügste und mächtigste aller Engel Gottes gewesen. Aber warum ist er dann so böse?, frage ich sie. Vielleicht meint er es gar nicht so böse, gab sie zur Antwort, sondern die Menschen verstehen ihn nur falsch. Aber warum? Sie sagte: Fest steht, daß über viele Hunderttausende von Jahren der Engel Luzifer Gott als treuester Diener ergeben war. Nur eines Tages hat Gott beschlossen, die Welt zu erschaffen, und da hat er sich aufgelehnt. Wieso? fragte ich meine Mutter.

Nun, das verstehst du nicht, sagte sie; das liegt daran, daß der Engel Luzifer sah, wie unendlich viel Leid unausweichlich in der Schöpfung Gottes enthalten sein würde. Dagegen lehnte er sich auf, und so beschloß er, alles Böse in der Welt auszureißen. Seitdem aber richtet er nichts an als Unheil und Zerstörung. Er möchte Gott dienen so rein, wie er vor Anfang der Schöpfung war; er ist der reinste der Engel Gottes geblieben, aber er versteht nicht, daß Gott die Welt erschaffen wollte.

Ich kann nicht sagen, daß diese Lehre so im Katechismus steht, aber je länger ich darüber nachdenke, desto weiser und vernünftiger kommt sie mir vor. Es mag viele kleine und große Übel in unserem menschlichen Herzen geben und vieles, das aus Gedankenlosigkeit, Nachlässigkeit, Unwissenheit, vielleicht auch aus bösem Willen – aber was ist das? – herrührt. Kein Unheil indessen wütet in der menschlichen Geschichte so dämonisch, so furchtbar und so grausam wie der fanatische Wille zum bedingungslos Guten, wie dieses Bestreben, die menschliche Geschichte und nach Möglichkeit die ganze Natur von allem Negativen, von jedem Schatten, von jedem Unheil reinzufegen. Dieser Einstellung der «gefallenen Engel», der an der Welt bis zur Unerträglichkeit Leidenden, verdanken wir die Revolutionen, die heiligen Kriege, die Razzien, die Ausrottungen, die furchtbare Blutmühle der Ideologen. Im Namen der Reinheit wurden und werden noch heute die Inquisitionen geführt, die Säuberungsaktionen geleitet und die schlimmsten Unbarmherzigkeiten begangen – mit reinem Gewissen.

Nicht nur im Großen verhält sich dies so; schlimmer und schrecklicher ist es im Grunde noch, immer wieder mitansehen zu müssen, wie man Menschen nötigt, in dieser Weise mit sich selber umzugehen: Wir müßten das Böse *unterdrücken,* uns selber *beherrschen,* wir dürften keinen Tag verstreichen lassen, an dem wir nicht gegen das wuchernde Unkraut der Seele ins Feld und zu Felde zögen. Es zählt zu den wirklichen Tragödien des Lebens, daß die Moralisten des Unkraut-Ex in der Tat so rasch ihre handfesten Erfolge vorzuweisen wissen. Man braucht einem Kind nur klar genug zu sagen, was verboten ist, was es zu lassen und was es zu hassen hat, wofür es auf die Finger oder auf den Hintern geschlagen werden wird, und schon hat man seine Ruhe; man hat recht bald, was man sich wünscht: ein gehorsames, ein gutes, ein anständiges, ein ordentliches Kind. Das Rezept funktioniert, es erweist sich als praktisch und erfolgreich, und immer erst zu spät erkennt man die Langzeitwirkung aller Unkrautvertilgungsmittel: daß von einem bestimmten Übermaß an der Boden sich verweigert und völlig unfruchtbar wird. Er hat am Ende so viel Gift in sich gesammelt, daß nichts in ihm gedeihen kann. Auf einem solchen Boden rührt sich schließlich nichts mehr, nichts Gutes und nichts Böses.

Dies ist die wahre Wirkung derer, die unmittelbar und gradlinig, vernünftig und konsequent, wie sie meinen, die Reinheit des Guten verordnen. Sie zerstören alles. Sie werden niemals oder immer erst zu spät begreifen, daß es diese reine Welt, die sie erhoffen, nicht gibt, sondern nur diese von Gott geschaffene Wirklichkeit aus Hell und Dunkel mit dem ganzen Spektrum des bunten, farbigen Bandes *zwischen* Schwarz und Weiß, mit all dem Schillern der Übergänge und all den Zweideutigkeiten des oszillierenden Lichts. Wann werden wir lernen, die Einteilungen zwischen Nutzkraut und Unkraut überhaupt aufzugeben und den Mut zu gewinnen, in der Welt Gottes nichts mehr zu verleugnen?

Wie man die Geduld gewinnt, *wachsen* zu lassen, ist die eigentliche Frage Jesu. Kaum ein Gleichnis gibt es aus seinem Mund, das wie dieses ein so unbedingtes Vertrauen in das menschliche Herz setzt und das in gewissem Sinn so therapeutisch umgeht mit unserer Angst, mit unserem Willen zur Perfektion, mit unseren oft so vergeblichen moralischen Anstrengungen. Man könnte aus der Psychotherapie manch schlimmes Beispiel wiedergeben, um zu zeigen, wie recht Jesus hat, wenn er uns auffordert, nicht den Schrecken über das Unkraut Macht über uns gewinnen zu lassen. Das, was wir heute Psychotherapie nennen, besteht in der Tat in nichts anderem, als in der Haltung eines geduldigen Vertrauens: wachsen zu lassen, was in der Seele eines Menschen angelegt ist.

Gewiß, wenn wir nur auf das Durcheinander sehen, dem Menschen häufig ausgeliefert sind, mag uns der Mut dazu oft fehlen und der Druck der Angst zu einem raschen Handeln nötigen. Doch um so mehr, meint Jesus, sollten wir auf Gott schauen und ihm im ganzen zuversichtlich zutrauen und zumuten, daß er die Welt und darinnen auch uns selber nicht verkehrt geschaffen hat. Alles, was in unserem Herzen lebt, verdient, gelebt zu werden. Keine Wunschregung, keine Phantasie, keine Neigung gibt es darin, die nicht an sich berechtigt wäre, und die ganze Lebenskunst scheint darin zu bestehen, nicht auszurotten, nicht zu bekämpfen, dem «Bösen» nicht zu widerstehen, sondern alles gemeinsam wachsen zu lassen (Mt 13,30).

Vor allem im Umgang miteinander ist dies die vielleicht wichtigste Regel unseres Lebens. Gibt es ein einfacheres Grundgesetz menschlichen Umgangs, als daß man hundertmal – mindestens *hundertmal* einander anerkennt, lobt, bestätigt und zum Wachsen verhilft in allem, was gut, was lebendig und was schön ist im anderen, ehe man auch nur ein einziges Mal hingeht, um ihm zu sagen, dies und das sei falsch an ihm? Selbst dieses eine Mal der Kritik wird vermutlich noch falsch sein oder jedenfalls überflüssig. Was denn kennen wir von einem anderen Menschen wirklich, und was gibt uns das Recht, etwas in ihm oder an ihm zu verteufeln? Der Acker Gottes, unser menschliches Herz, ist so unendlich weit; es verträgt keine Einschränkungen, keine Zäune, keine Absperrungen. Am Ende gibt es ja nicht mehr Gut und Böse, Unkraut und Zierstrauch, sondern nur ein einziges großes, gottgewolltes Leben, das darauf wartet, eine Brücke zu finden zur Unendlichkeit.

Drei Weisen des Göttlichen

Niemals ist ein Mensch größer und schöner, als wenn seine Seele sich aufhebt zum Gebet und die Schönheit und die Größe Gottes zu ahnen beginnt. Nur uns Menschen ist diese Fähigkeit gegeben, Gott nicht allein durch unser Dasein zu verehren, sondern in Bildern und Gleichnissen das unendliche Geheimnis, das uns umgibt und uns trägt, zu spüren, zu lieben und zu erkennen.

Der Sonntag, den die Kirche der Heiligen Dreifaltigkeit widmet, ist solch ein Versuch, über das Geheimnis im Hintergrund der Schöpfung nachzudenken, nicht in der Unmittelbarkeit von Not und Bittgebet, nicht mit den Vorstellungen unserer oft so eingeschnürten Interessen, nicht mit dem Flehen um Gnade, sondern freien und offenen Herzens, mit gereinigtem Spiegel des Geistes.

Drei Bilder sind es, die uns dabei gegenübertreten, und alle drei sind wahr, indem in einem jeden sich Gott auf besondere Weise als Person zeigt.

Das eine ist das große Bild des *Schöpfers.* Vieles von dem, was wir heute Atheismus nennen, erscheint in tieferer Betrachtung nur wie ein durch Verstellungen zustande gekommenes Bekenntnis zu diesem Geheimnis im Untergrund der Welt. Die Umwege dieses Bekenntnisses ergeben sich fast immer aus einem schiefen Vorstellungsbild von Gott.

Wenn wir uns zum Beispiel eine Vorstellung machen von der Größe der Welt, werden wir zugleich der Winzigkeit unserer selbst inne, und wir verstehen den Gott nicht mehr, der sie erschuf. Denn er, der Absolute, der Ewige, braucht kein Gebilde in der Zeit sich selber gegenüberzusetzen. Seit den ältesten Zeiten sagen deshalb die Nachdenklichen unter den Philosophen und den Theologen, es müsse Gott die Welt erschaffen haben rein um ihrer selbst willen, als Mitteilung seiner Größe, als Offenbarung seiner Allmacht und als Überfluß seiner Liebe. Aber dieses letzte Wort geht uns nur schwer über die Lippen. Denn was für eine Liebe ahnen wir angesichts des Ganges der Natur ' Wir sehen ihre Weisheit an jeder winzigen Stelle, und wir wissen, daß kein Detail aus ihrer Ordnung herausgebrochen werden könnte, ohne daß alles zusammenstürzen müßte. Von der Struktur der Wasserstoffatome bis zur Zusammensetzung der Erbbausteine im Inneren einer menschlichen Zelle geht alles seinen Gang und ist im ganzen wie ein einziger notwendiger Prozeß nach den ewigen Gesetzen von Zufall und Notwendigkeit. Aber als *Liebe* vermögen wir nach menschlichen Begriffen diese ganze ungeheure Veranstaltung kaum zu bezeichnen.

Wir brauchen deshalb ein anderes, genau so wahres Bild von Gott, um inmitten dieser so wenig menschförmigen Natur als Menschen leben zu können. Dieses Bild lebt für uns auf das innigste in der *Person Jesu Christi*. Mit seiner Gestalt verbindet sich für uns die Erfahrung, daß wir einander brauchen, nicht nur, um zu uns selbst zu finden, sondern wesentlich und vor allem, um Gott als Liebe zu erkennen. Wenn wir einander sehr nahe sind, wenn unsere Seelen sich berühren, beginnen wir den Gott der Schöpfung zu verstehen. Wenn wir das Geheimnis auch nur eines einzigen Menschen wirklich verstehen, ja, wenn wir auf dieser Erde auch nur einen einzigen Menschen wirklich liebhaben, begreifen wir mit einem Male Gott, der eine ganze Welt erschuf und darin diesen einen Menschen formte, und dann ins Ungemessene auch alle anderen und alles andere. Nichts ist in einer solchen Betrachtung mehr dem Zufall überlassen, sondern alles taucht ein in die ewige Poesie der Liebe.

Daß wir nur ein paar Jahrzehnte existieren, daß unser Dasein winzig ist in Raum und Zeit, daß wir denkbar überflüssig sind im Gang der Welt, all dies bedeutet nichts gegen die eine entscheidende Versicherung der Liebe: wir werden ewig sein. Diese Hoffnung ist es, die Christus Gott als seinem Vater zutrauen und uns als Vertrauen mit auf den Weg geben mochte. Der dunkle, schweigende Hintergrund der Welt beginnt menschlich zu reden in einem jeden Menschen, der uns in Liebe nahe ist, so sehr, daß Christus sagen konnte: Wo auch nur zwei oder drei von euch in meinem Namen beisammen sind, da ist Gott mitten unter euch. Es ist, wie wenn man die Bedingung freisetzen würde, unter der Gott erfahrbar wird. In der Liebe tauchen wir zurück an den Anfang der Schöpfung und schauen hinein in den Gang der Zeiten bis ans Ende der Welt. Und es schließt sich im Umkreis der Liebe der Ring der Zeit: Gott, der von Ewigkeit her wollte, daß wir sind, will, daß wir sind und leben bis in Ewigkeit.

Noch ein drittes Bild von Gott gibt es, dessen wir bedürfen, um selbst zu existieren. Gäbe es nur den Schöpfer der Welt, blieben wir abhängige Kinder der Natur. Gäbe es nur die Sprache der Liebe zu dem Menschen neben uns, blieben wir Abhängige von anderen. Das dritte notwendige Bild von Gott ist das des *Geistes*. Alles liegt in unserer eigenen Seele, alles ist eingeschrieben in unserem eigenen Herzen, und so sind wir imstande, auf die Liebe eines anderen Menschen ebenso zu antworten wie auf die Größe der Macht Gottes in allen Geschöpfen. In uns selber liegt die Fähigkeit, die stumme Anrede Gottes im Schweigen der Welt in der gebrochenen Sprache unseres Mundes zu wiederholen. Unser eigenes Herz ist imstande, so rein und so klar die Weite der Liebe des Alls und des menschlichen Herzens zu fühlen, daß wir darin uns selber in unserer eigenen Größe und Schönheit wiederentdecken können: als Geschenkte durch die Natur, als die Wiedergegebene durch die Liebe anderer und als in Ewigkeit selber Berufene in der Unendlichkeit des Geistes.

Drei Weisen also gibt es, in denen Gott sich selber als Person mitteilt: als Wille und Macht im Untergrund der Welt, als demütige Liebe in einem jeden Menschen, den wir von Herzen lieben, und als unendlicher Drang der Sehnsucht, des Gebetes und des ewigen Gesangs in einem jeden Menschenherzen und in jedem Teil des Kosmos. Er, der Unendliche, ist all dies drei als eins. Daß wir ihn *glauben* dürfen, macht uns als Menschen aus. Daß wir ihn *hoffen* dürfen, macht uns als Menschen menschlich. Daß wir ihn *leben* dürfen in der Ewigkeit der Liebe, ist unsere schönste und gnädigste Bestimmung.

Vergeben,
weil mir vergeben worden ist

Vergebung und Verklärung

Wenn Menschen fähig werden, einander zu vergeben, ereignet sich in unserem Leben eine Art von Wunder; denn anders, als es die Moral gebietet, sind wir zur Vergebung wirklicher Schuld niemals imstande, es sei denn: wir sähen vor uns eine Vision so, wie sie den Jüngern im Abendmahlsaal geschenkt wurde. Es ist eine Vision von Wunden, die verklärt sind, von einem Leben, das nicht zu zerstören ist, von einer Güte, die durch das Leid nicht widerlegt wird, und von einem Frieden, der durch keine Art Gewalt aus unserem Herzen zu reißen ist.

Ohne dieses Auferstehungsbild jenseits des Todes ist jedes Wort «Ich vergebe dir» in bestem Falle ein Versuch und, selbst wenn gut gemeint, zumeist nichts als eine Überforderung unserer selbst und der anderen. Denn oft versuchen wir zu früh, dem anderen zu sagen: «Es ist gut», und: «Jetzt hör auf damit». Solange uns eine wirkliche Verletzung weh tut und schmerzt, sollten wir nicht so schnell sagen: «Ich vergebe dir», weil wir die Kraft nicht haben, es durchzuhalten. Wenn wir dem anderen wirklich zutrauen, daß er Einsicht und guten Willen genug besitzt, sollten wir eher versuchen, miteinander ins Gespräch zu kommen, und einander sagen, wie weh etwas getan hat und warum ein unbedachtes Wort, eine Nachlässigkeit, vielleicht eine geplante Grausamkeit, so sehr geschmerzt hat. Solange Wunden nicht geheilt sind, verfügen wir nicht über die Weitherzigkeit, die zur Vergebung nötig ist.

Es ist möglich, zu sagen: «Ich vergebe dir», wenn uns der Schmerz nicht zu sehr drückt; dann bedeutet «Ich vergebe dir» wirklich nur: «Es war nicht so schlimm». Aber wenn etwas sich tief in die Seele eingefressen hat und weh tut, ist Ehrlichkeit wichtiger als sogar die Nächstenliebe. Zwar dürfen und können Wahrheit und Liebe einander nicht widersprechen. Aber ohne Wahrhaftigkeit in allen Herzensdingen finden Menschen nicht zueinander, auch nicht unter der Deckformel der Vergebung.

Die Vision der Jünger im Abendmahlssaal zeigt demgegenüber auf tiefe und großartige Weise, woher die Energie der Güte in Wahrheit stammt und worin sie ihren Ursprung findet. Wenn Vergebung in unser Leben treten soll, sagt diese Vision von dem verklärten Leib des Herrn, ist das, wie wenn Wunden anfangen, zu einem Teil menschlicher Schönheit zu reifen; wie wenn Verletzungen beginnen, einen Menschen, den wir lieben, besonders liebenswert und kostbar zu machen; und das ist, wie wenn das Leid, das ihm zugefügt wurde, schließlich zum unverbrüchlichen Band der Treue, der Zusammengehörigkeit und der tieferen Verbundenheit heranwächst. Nur wer ein solches Wunder am eigenen Leib erfahren hat, weiß, daß man über den eigenen Schmerz hinausleben und über die zugefügten Verletzungen hinauswachsen kann; und nur in einem solchen größeren Glück der Verklärung kann man die Großzügigkeit lernen, einem andern zu vergeben.

Man kann das Problem der Vergebungsfähigkeit auch vom anderen Ende her formulieren: Wenn uns ein anderer zutiefst verletzt, so daß es uns bis in die Wurzel kränkt, verformen sich die zugefügten Kränkungen in ein chronisches Gekränktsein, in eine Art unterschwelliger Gehässigkeit, in ein verdrängtes oder mehr oder minder eingestandenes Bedürfnis nach Rache, und das eigentliche Problem besteht meist darin, daß das fremde Böse fast immer auch umschlägt in die eigene Bosheit. Nur Menschen, die ganz gütig sind, wie Christus ganz gütig war, werden es vermeiden können, daß das Leid von den Außenzonen des Erlebens her bis in die Tiefe der Seele vordringt. Fast alle, die wir von anderen und durch uns selbst verletzt wurden, werden lernen müssen, sogar über die Bosheit des eigenen Herzens hinauszureifen, nicht nur über das fremde Leid, sondern sogar noch über das Bedürfnis, dem anderen Leiden zuzufügen.

Erst vermöge einer tieferen Erkenntnis dessen, was uns selber quält, werden wir die Kraft gewinnen, auch das Böse im Herzen eines anderen aufzunehmen und zu beruhigen. Im Grunde sagen wir dem anderen dann nicht allein: «Ich vergebe dir», sondern tiefer: «Ich verstehe von mir selber her, wie du dazu kommen konntest. Ich würde mich selber nicht kennen, wüßte ich nicht, was in dir vor sich ging.» Und erst in einer Gemeinsamkeit eines solchen Verstehens hören die Grenzen auf zwischen dem Verletzenden und dem Verletzten und fügen Hände sich über dem Abgrund ineinander.

Eigentlich nur vermöge dem Glück, das aus der Liebe wächst, lernen wir die Vergebung. Wo Menschen wahrhaft miteinander reden, so daß sich ihr Wesen unter den Blicken, unter der Güte, unter dem Verständnis des anderen wandelt, hören die Motive, böse zu sein, wie von allein auf. Nicht mit Gewalt, nicht mit «gutem Vorsatz», ändert man ein Leben. Aber durch das Glück, vom anderen geliebt zu werden, jenseits aller Kränkungen und Schuld, ist es nicht mehr so schwer, dem andern und sich selber gut zu sein.

Gerade darin besteht wohl die Entdeckung dieser Traumvision des Ostertages. In der Unzerstörbarkeit der Liebe entdeckt man, daß die Wunden, die man empfangen hat, und das Leid an der eigenen Schuld uns selber und den anderen liebenswert und kostbar machen können, daß Wunden sich zu verklären vermögen und man am anderen und an sich selber schließlich nichts mehr auzusetzen findet. Ganz im Gegenteil: daß man inmitten des Leidens den Werken der Gnade Gottes begegnet und viele Gründe findet, dankbar zu werden: dem anderen für sein Verständnis und für seine Güte, und Gott, der auf den krümmsten Wegen gerade zu schreiben beginnt. Am Ende ist all das, was war, womöglich nur der lange Weg, auf dem wir die Menschen wurden, die wir sind – wunderbare Menschen, würden wir uns selber sehen können, wie Gott ganz sicher jeden Tag uns sieht, und wie er möchte, daß wir selber uns zu sehen lernen.

Jesus und die Sünderin

Eines ist es, sich in den Text eines Evangeliums hineinzu-
denken und hineinzufühlen, ein anderes, auch nur um wenige Zentimeter sich seiner Menschlichkeit und Größe an-
zunähern. Empfinden kann man, daß zum Beispiel in der
Begegnung Jesu mit der Sünderin im Lukasevangelium
(Lk 7,36–50) auf eine hochgespannte Weise äußerste
Gegensätze zu einer Einheit zusammentreffen. Denn die
Rede ist von der Zärtlichkeit einer Berührung, die nicht be-
fleckt, sondern reinigt, von einer Liebe und Dankbarkeit,
die sich selber nicht erniedrigt und gemein macht, sondern wachsen läßt und Leben gibt; die Rede ist von einer
Frömmigkeit, die nicht verurteilt und zurückweist, sondern miteinbezieht und fähig ist, Vergebung zu bewirken;
und nicht zuletzt wird gesprochen von einem Scham-
gefühl, das seine Grenze findet an einem überragenden
Vertrauen. Und damit schon sind wir im Kern einer Erzählung, die zu den ungewöhnlichsten des Neuen Testaments zählt.
Oft sonst sagen wir selber, daß Jesus sich der Ausgestoße-
nen, der Zöllner und der Sünder angenommen habe. Das
ist wahr. Aber sollte man denken, daß dieses Evangelium
damit beginnt, daß Christus sich gerade mit der Gegen-
gruppe der Pharisäer an einen Tisch setzt und hausge-
mein mit ihnen wird? Eigentlich sind die Pharisäer seine
erklärten Gegner und Feinde. Sie belauern ihn auf Schritt
und Tritt, ständig verhängen sie über ihn ein inneres Nor-
menkontrollverfahren, aber Christus scheut nicht die Gemeinschaft mit ihnen, ist sich weder zu gut noch zu
schlecht in den Kreisen dieser Angesehenen, wissend offenbar, daß insgeheim auch sie ihn brauchen, die so sehr

im Recht, im Guten, in der Frömmigkeit zu Hause sind. Wie im Kontrast müssen sie ein Stück ihr eigenes, ihr inneres Gegenteil sehen und kennenlernen, und dazu findet sich alsbald Gelegenheit.

«Da lebte in der Stadt eine Frau, eine Sünderin.» Selbst dieses Evangelium scheut sich an dieser Stelle nicht, den üblichen Sprachgebrauch aufzunehmen. Weiß man, was es heißt, wenn man von einem Menschen nicht einmal mehr den Namen zu wissen braucht, nur noch seinen Beruf? Schlimmer ist diese Berufsbezeichnung in das Fleisch gebrannt, als man eine Kuh auf der Weide mit dem Stempel des Besitzers zeichnet. Wo immer von dieser Frau die Rede ist, weiß man in den wohlbehüteten, den guten und den frommen Kreisen, daß man ihr auf der Straße ausweichen muß, um nicht in schlechten Ruf zu kommen, daß man in ihrer Nähe ausspucken muß, mindestens seelisch, um sich nicht zu beschmutzen. Des Tags wenigstens, solange die Sonne scheint, muß man so tun, des Nachts wird keiner sehen, was geschieht. Tagsüber wird man den Staub von den Schuhen kehren müssen, ihr ins Angesicht; des Nachts mag man die Füße in Bewegung setzen. Ein guter Mensch ist verpflichtet, eine solche Frau zu verachten, die Moral gebietet es, der Anstand verlangt es. Sie zu sehen hat die Augen zu beleidigen, mit ihr zu reden ist ganz und gar untersagt; und man hat eine famose Ideologie: diese selber, so lehren der Anstand und die Moral, ist nur eine Triebhafte, eine Ausgeuferte.

Hätte man nur für Sekunden menschliche Augen, würde man sehen, was die Wahrheit ist, das Flechtwerk im Untergrund des Unglücks würde man begreifen, und plötzlich hätte man Grund, sich zu fragen, ob das, was wir Sünde nennen, eine Übertretung von Geboten ist. In der Tiefe des wirklichen Lebens gerät kein Mensch ins Unglück, es sei denn als jemand, der auf verzweifeltem Wege die letzten Pfade beschreitet, um zu sich selber zu kommen, und dabei sich immer mehr verliert. Nicht die Dirne ist triebhaft; was sie tun muß, reizt die Begierde derer an, die sie zum Opfer machen. So herum verhält es sich, und nur zum Alibi der eigenen Schwäche projiziert man in sie hinein, was man sehen möchte, um sich zu entschuldigen.

Aber nun gerät es ins Phantastische: Soll man denken, daß diese Frau an einem Nachmittag, wie sie davon hört, daß Jesus sich im Hause des Pharisäers aufhält, davon zu träumen beginnt, sie könne zu ihm gehen? Man wird nun ihre Phantasie zunächst einmal im ursprünglichen Sinn rekonstruieren müssen: sie würde zu ihm gehen und ihn umarmen und ihm das Haupt salben wie einem König und ganz sicher wissen, er würde dies verstehen. Nichts Anzügliches, nichts Doppelbödiges würde er darin sehen oder vermuten, er würde wissen, daß sie ihm zutraut, *rein* zu denken und nicht hinterhältig.

Kaum jedoch, daß diese Frau mit ihrem Alabastergefäß die Schwelle zum Haus des Pharisäers überschreitet, zerplatzt ihr Traum an der Härte der Wirklichkeit. Gehofft hat sie, daß in der Nähe Jesu die Pharisäer keine Rolle spielen würden; dort, wo er wäre, muß sie geglaubt haben, wäre es wie in einem Tempel, in den sie eintreten könnte, umfangen, akzeptiert und aufgenommen, und die hohnvollen Grimassen derer, die sie sonst verurteilen, wären unsichtbar, die Augen voller Schärfe der Verachtung nicht mehr zu sehen, einzig die Gestalt Jesu würde den gesamten Hintergrund überstrahlen. Jetzt, in diesem Moment, kaum daß sie das Haus betritt, scheinen einzig wirklich zunächst nur die Pharisäer, so daß sie sich haltlos zu Boden wirft und in Tränen ausbricht, sich selber vergießend wie das Gefäß mit Nardenöl. Alle, vollends in diesem Moment, müssen denken: So ist sie immer; sie kann tun, was sie will, diese Frau kennt kein Maß, keinen Anstand, keine Würde, selbstvergessen, überspannt und exaltiert ist sie, eine Dirne eben; selbst wo sie Besserung gelobt, tut sie es auf Dirnenweise, unwürdig, zudringlich, gemein; selbst wo sie sich Jesu nähert, ist und bleibt sie eine Zumutung.

Aber Christus empfindet so nicht. Man muß, wenn man sich die Szene heute vorstellen will, die Herren alle da sitzen sehen, in Frack, mit Krawatte und Bügelfalten, vornehm, distinguierte Herren, sorgfältig ihre Sprache wählend, im Kreis von Professoren und Erlesenen, schönste Gehälter, bestes Auskommen; Takt, Anstand und Würde sind die Dinge, nach denen man sich in diesen Kreisen richtet. Wer sich umarmen läßt in der Öffentlichkeit von einer Dirne, ist in diesen Kreisen nicht mehr gesellschaftsfähig, ein Ausgestoßener, ein offensichtlicher Hanswurst, und wenn er noch Anspruch machen will, von Gott zu reden, soll ihn der Teufel holen, ein solcher wird sich unter Menschen offensichtlich nicht auskennen, ein Narr.

Christus hat erst sehr spät zu diesen Pharisäern aggressiv geredet. Hier in unserer Szene bemüht er sich um Verständnis für beide Seiten und wirbt gewissermaßen um Einsicht. Nirgendwo ist im Neuen Testament so tief die Rede von Liebe und von Glauben. Alle stehen wir vor Gott da als Verschuldete. Wer denn, bei Licht betrachtet, könnte unterscheiden zwischen einem Sünder und einem Heiligen? Was sie vielleicht voneinander trennt, ist einzig das Maß der Sehnsucht nach Reinheit, und die am meisten Leidenden, die sich am meisten Sehenden sind Gott unendlich näher als die im bürgerlichen Durchschnitt in der Panzerung ihrer Scheinrichtigkeit Beruhigten. Immer sind die Verzweifelten mutiger, die am eigenen Unglück

Zerbrochenen gütiger, die des Verständnisses zum Leben Bedürfenden selber verständnisvoller, und niemals werden wir selber mehr lieben, als wenn wir spüren, wie in der Gegenwart des anderen unser eigenes Wesen sich formt und heranreift zu sich selber, sich läutert aus den Schlakken und unverstellt rein wird, indem die Gründe des Unglücks schwinden.

In einer solchen Begegnung, wo es am Ende gar nicht mehr darum geht, was Schuld war und was vergeben ist, wo nur noch das Gefühl waltet, leben zu dürfen und ganz und gar gemocht zu sein, dasein zu dürfen, bejaht und akzeptiert zu sein, ist die Liebe am größten.

Alle Menschen, die unter dem Unrecht der Welt leiden, möchten gern, daß endlich ein Mann auftritt von der Art Johannes des Täufers: der das Unrecht beim Namen nennt, ohne zu beschönigen; der die Großen zitiert und ihnen die Leviten liest; der rundheraus und ohne Umschweife sagt, anklagt und an den Pranger stellt, was es an Bösem in der Welt zu bekämpfen gibt. Wieviel wäre gewonnen, wenn sich die Zeitungen entschließen könnten, so zu schreiben, so ehrlich, so unverblümt, so engagiert zur Änderung aufrufend, vor der Katastrophe warnend, Auswege zeigend!

Es zeigt sich jedoch immer wieder, daß es mit bloßen Bußpredigten nicht einmal für eine politische Kurzzeit-Taktik ausreicht, geschweige denn für eine langfristige Strategie gegen das Böse. Solange gegen das Böse geschimpft wird und Manifeste verlesen werden, solange kämpft man mit den Oberflächensymptomen. Man heilt nicht die Krankheit selbst. Zwar hat Karl Marx gesagt, es gelte die Schande noch schändlicher zu machen, indem man sie publiziert. Aber wer es dabei beläßt, denkt nach der Art eines Mannes, der eine Grippe heilen will, indem er den Kranken auffordert, lautstark zu husten und zu schneuzen. Wer so denkt, muß auch ein bißchen naiv sein, wie Kierkegaard meinte, daß die Menschen mal gut seien, mal böse, mal rechtschaffen, mal boshaft, mal gutmütig, mal zornig, je nach Zufall und Laune.

Bereits die Psychologie zeigt, daß unser Verhalten nicht für sich genommen werden kann, sondern das konsequente Ergebnis latenter Haltungen ist. Und offensichtlich hat Jesus eine ähnliche Auffassung von der menschlichen Schuld. Stets, wenn er davon spricht, schildert er uns nicht nur als Leute, die unter anderem auch gewisse Schulden haben, sondern als Menschen, deren ganzes Leben nur aus Schulden besteht. Dann aber hat es natürlich keinen Sinn mehr, zu irgendwelchen «Änderungen» aufzurufen. Wenn jemand einen Offenbarungseid schwört, sind alle Zahlungsaufforderungen umsonst. Jesus fordert tatsächlich nicht sogenannte Taten der Buße und Umkehr, sondern er fordert auf, vor Gott den Offenbarungseid zu leisten.

Jemand, der ab und zu einmal über den Durst trinkt, kann vielleicht mit einer Gardinenpredigt gegen Alkohol etwas anfangen. Aber alles ändert sich von dem Moment an, wo die Erkenntnis unausweichlich wird: der Mann ist ein Alkoholiker. Von da ab sind alle Mahnungen, Ratschläge und Vorhaltungen sinnlos, ja sie erreichen mit Sicherheit nur das Gegenteil. Der Mann wird noch mehr Schuldgefühle bekommen und sie mit noch mehr Alkohol hinwegspülen. Man kann ihm nur helfen, wenn man ihn dazu bringt, sich zunächst einmal mit seinen Problemen und Konflikten – die im übrigen nicht im Alkohol selbst liegen – ohne Beschönigung, aber auch ohne neuerliche Anklage und Verurteilung anzunehmen. Er muß Vertrauen gewinnen, daß er auch mit seinen Spannungen und Schwierigkeiten leben kann, daß er eine größere Ichstärke bekommt, die am Ende die Fluchtwege seiner Haltlosigkeit überflüssig macht.

So ähnlich ist die Haltung Jesu. Für ihn sündigen die Menschen nicht, sondern sie sind Sünder. Dann aber ist die Bußpredigt, das Pathos der religiösen Agitation, sinnlos, ja schädlich. Denn dies fördert nur die Angst hinter der Sünde. Man klagt das Symptom an, aber bestärkt damit nur die Krankheitsursache. Die Menschen, die versuchen, das Unkraut im Acker vor der Ernte auszureißen, erreichen nichts und zerstören alles. Das Böse ist nicht säuberlich auf einen isolierten Umkreis lokalisierbar, es sitzt ganz und gar verfilzt mit seinen Wurzeln zwischen den Trieben des Guten.

Was ist also zu tun? Wird so nicht alles nun erst recht trostlos und verzweifelt?

Man kann sich fragen, was Jesus bewogen hat, die Taufe des Johannes anzunehmen, dieses heftigste Dokument des asketischen und leidenschaftlichen Kampfes gegen das Böse, daß er sich einer unzweifelhaft vordergründigen Praxis zu unterwerfen schien. Denn es stimmt: jeder Mahnruf gegen die Sünde, jede Anklage gegen das Böse, wie sie Johannes in den Mittelpunkt seiner Taufe stellte, beseitigt die Schuld nicht.

Immer und überall zappeln die Menschen in den Netzen der Schuld, zerren sie sich mit all ihrem Willen zum Leben in den Tod. Was Jesus bei der Johannestaufe tut, scheint mir der phantastische Versuch zu sein, es einmal anders zu versuchen: ganz stillzuhalten, abzuwarten, nicht mehr hin und her zu zappeln, und dem, der auf uns zukommt, das Unmögliche, das von allen ausnahmslos für unmöglich Gehaltene, zuzutrauen: er komme nicht, um uns zu töten, er komme, um uns zu retten.

Gott ist nicht der Halsabschneider und Richter, als den ihn viele ansehen. Man kann, darf, ja man muß, um überhaupt leben zu können, ihm zutrauen, daß ihm an unserer Freiheit liegt und an unserem Leben! Es ist, wie wenn sich Christus selber in den Tod gibt, um sich und allen anderen zu zeigen: gerade so ist der einzige Weg zum Leben. Alle gehen zu Johannes, um aus Angst vor Gott und seinem Gericht sich von den Sünden loszusagen. Jesus glaubt nicht an diese Möglichkeit. Er kommt zum Täufer, um die

Probe zu machen und zu beweisen, daß zur Angst vor Gott keine Berechtigung besteht, daß man Gott offen alles sagen kann und daß nur dadurch alles gut wird, daß man sich ihm überläßt.

Die vielleicht wichtigste theologische Korrektur des ganzen Neuen Testaments steht wohl nicht zufällig an dieser Stelle. Markus schreibt noch ganz ungeschützt in seinem Evangelium, wie es die Überlieferung ihm sagte: Johannes taufte «zur Vergebung der Sünden». Matthäus, ganz im Sinne Jesu, streicht diese Bemerkung, sagt nur «Johannes taufte». Sein ganzes Evangelium hindurch hebt er sich den Zusatz «zur Vergebung der Sünden» auf. Erst als Jesus vor seinem Tod den Jüngern den Segensbecher gibt und dazu sagt: dies ist der Kelch des Neuen Bundes, mein Blut, das vergossen wird für alle, da lesen wir: Vergossen zur Vergebung der Sünden.

Ein islamischer Mystiker hat seine Schüler einmal gefragt, worin die rechte Gottesfurcht bestünde. Und sie antworteten: daß man Gott liebt. Der Meister aber schüttelte sein Haupt. Nicht darin, daß ihr denkt, wir lieben Gott, sprach er; wer denkt, ich liebe Gott, der steht noch unter dem Zwang. So sollt ihr sprechen: Ich glaube fest, daß Gott mich liebt. Das ist die rechte Gottesfurcht.

Bei der Taufe Jesu durch Johannes den Täufer sehen wir auf einmal den Himmel offen, wie die Barrieren schwinden, und Gott selbst bekennt sich zu diesem einen: dieses ist mein geliebter Sohn! So kann Gott einen Menschen anreden, der über alle Angst hinweg sich mit Vertrauen an ihn wendet: mein *geliebter* Sohn. Gottes Geist ergreift Besitz von diesen Menschen. Denn nicht in Angst, in sogenannter Bußverkrampfung und im Schrecken ist Gott sichtbar. All das sind Erfahrungen, die Menschen machen, wenn Gott sich verbirgt. Sichtbar, hörbar wird Gott im Vertrauen, im Umkreis seiner Liebe, die dieses Vertrauens würdig ist.

Der große bengalische Dichter Rabindranath Tagore hat einmal gesagt: «Wer Gutes tun möchte, klopft ans Tor; wer liebt, findet das Tor offen.» Er hat damit sagen wollen, daß es zum anderen nur einen einzigen gewaltlosen Zugang gibt: Wer liebt, dem tut der andere sich auf, auch ohne daß man eigens fragen muß. Blumen öffnen sich im Sonnenlicht, das menschliche Herz in der Liebe. Und Tagore meinte, es sei ein Unterschied, ob ich jemanden liebe oder ob ich ihm «Gutes» tun will. Wieso? Das Gute, das ich in einem andern tun will, ist ein Ergebnis meiner Vorstellung vom Guten. *Ich* meine, daß der andere dieses oder jenes benötigt, an Unterstützung, Ermahnung, Lob oder Tadel. Aber stets muß ich anfragen, ob der andere es auch will, ob es wirklich auch für ihn und nicht nur in meiner Vorstellung gut ist, was ich mit ihm vorhabe.

Anders die Liebe. Sie setzt da an, wo der andere steht; sie nimmt ihn, wie er ist; sie möchte nicht zunächst verändern oder verbessern; sie läßt an anderen gelten und sich entfalten, und sie geht in ihm ein und aus, denn sie gehört dem andern wie sein Eigentum, wie etwas Nahes und Vertrautes, das von innen redet.

Nicht so die «Diebe und die Räuber». Wir wollen einmal gar nicht unterstellen, daß sie immer nur rein egoistisch handeln; im Gegenteil, wir nehmen einmal an, sie seien Einbrecher aus gutem Willen. So etwas gibt es oft. Jemand klopft an, und er will Gutes tun, ganz ohne Frage, aber es wird nicht aufgemacht, der andere verschließt sich; da bricht er ein, reißt mit Gewalt die Widerstände nieder, setzt sich gegen den Willen des anderen durch und verwirklicht sein Programm, autoritär, diktatorisch, ideologisch. Denn er weiß ja, «was der andere braucht». Mag sein, er weiß es wirklich, und es kann trotzdem für den anderen falsch sein. Es ist, wie wenn man Blumen, die einem nicht rasch genug wachsen, so lange zupft, bis ihnen die Blütenblätter ausgerissen sind. Es ist, wie wenn jemand, der sich zu erkälten droht, mit einem Wärmeschal erstickt wird. Man wollte Gutes tun, aber es war nicht Liebe. Nicht die Schläge eines Hammers, sondern die leisen Bewegungen des Wassers formen einen Kiesel rund. So auch die Liebe.

Jede Veränderung eines Menschen, die außerhalb der Liebe stattfindet, ist ein Einbruch und ein Raub, ein Eindringen von anderswoher als durch die Tür. In diesem Sinn kann Jesus sagen, daß er ein Hirt der Schafe ist, der es nicht nötig hat, sich einzustehlen, sondern der auf uns zugeht, ohne uns zu betrügen (Joh 10,1−10). Ein rechter Hirt, sagt Christus, ruft seine Schafe beim Namen; er will damit sagen, daß er auf die Lage und die Person eines jeden einzelnen Rücksicht nimmt, und zwar so, wie sich der einzelne selber darin ausspricht − daß es für ihn kein allgemeines Leitwort gibt, das er der Herde insgesamt aufprägt. Jeder einzelne ist für ihn wichtig, nicht das Kollektiv. Natürlich ist die «Herde Christi» die Gemeinschaft derer, die in seinen Spuren gehen. Aber Christus meint, daß es zu dieser Gruppe seiner Jünger nur einen einzigen legitimen Zugangsweg gibt: ihn selbst; seine Art; den Stil seiner Liebe.

Gewiß, man kann alles ins Gegenteil verkehren. Man kann sogar in der Kirche unter Berufung auf Christus bewährte Formen der Liebe zu Einheitsschablonen absinken lassen, deren Geistlosigkeit sich dem Leben entfremdet hat; man kann aus der Person Christi, der die Liebe ist, einen Gegenstand besserwisserischer Rechthaberei machen und aus dem Hirten, der die einzelnen bei ihrem Namen ruft, einen verängstigt kommandierenden Alleingänger, dem nur wenige noch folgen können. Vor allem aber kann die Fähigkeit der Liebe sich völlig ins Falsche verkehren. Ihr feines Gespür für die wahren Interessen, Wünsche und Bedürfnisse des anderen kann zu der Grausamkeit einer starren Ideologie entarten, die in idealistischer, wohlmeinender Blindheit über Leichen geht, nur um die «wahren» Interessen der Betroffenen zu vertreten.

Es kann sein, daß die Liebe dazu ermutigt, auch Regungen und Wünsche wieder zum Vorschein kommen zu lassen, die unter einem Berg von Angst vergraben lagen; es kann sein, daß die Liebe in einer völlig wüsten Einöde, die schon ganz ausgetrocknet und tot war, wieder Palmen und Orangenhaine zum Blühen bringt, aber nie und nimmer kann es sein, daß die Liebe gewaltsam wie mit Preßluftbohrern in das Innere einer Menschenseele eindringt. Für die Liebe gilt in bezug zu Gott wie auch zum Nächsten das zweite Gebot: du sollst dir kein Schnitzbild machen. Die Liebe, der das Tor zum Herzen des anderen offensteht, freut sich über die Vielzahl neuer Entdeckungen, die sie am anderen machen kann, und sie verachtet den Stumpfsinn jener Seelenkonstrukteure, die von vornherein zu wissen glauben, was für den anderen falsch, gut und richtig ist. Die Liebe kann geduldig sein. Sie versteht, zu warten, und vor allem den nötigen Spielraum zu lassen, der es dem anderen ermöglicht, auch die Fehler zu begehen, die er braucht, um selber das für ihn Richtige zu lernen. Ein «Hirte», den die Schafe nicht verstehen, von dem sie sich nicht «angesprochen» fühlen, ist nichts weiter als ein Dieb am eigenen Leben. «Die Schafe werden ihm nicht folgen», sagt das Evangelium; «sie werden vor ihm fliehen, weil sie seine Stimme nicht kennen».

Die Liebe redet zum Herzen; sie spricht das Innerste aus, das Vertrauteste, das Eigentliche, den eigenen Namen. Und nichts wirkt deshalb stärker als sie. Dynamit sprengt an der Oberfläche, aber es sind die Kräfte der Tiefe, die die Kontinente bewegen und die Welt verändern. Unter uns Menschen gibt es nur eine einzige Kraft, die langsam und unmerklich und mit viel Geduld und Zeit von innen in der Tiefe wirkt.

Oder, um noch einmal Tagore zu zitieren: «Ich weiß, daß dieses Leben, das in Liebe zu reifen versäumte, nicht ganz verloren ist. Ich weiß, daß die Blumen, die beim Morgengrauen welken, daß Bäche, die sich in der Wüste verirren, nicht ganz verloren sind. Ich weiß, daß alles, was in diesem Leben zurückbleibt, weil es gehemmt ist, nicht ganz verloren ist. Ich weiß, daß meine noch unerfüllten Träume, meine noch nicht gespielten Melodien noch in einer Deiner Lautensaiten schlummern und nicht ganz verloren sind.»

Eine wachsende Mehrheit von Menschen tut sich offensichtlich seit den Tagen der Kindheit mit dem Beichten sehr schwer; sie selber sind schon seit langem nicht mehr zur Beichte gegangen und haben auch nicht mehr den Mut, bei ihren Kindern jenseits des vierzehnten Lebensjahres den Empfang dieses Sakramentes durchzusetzen. Ein so breit gestreutes Unbehagen an einem wichtigen Sakrament der Kirche enthält aller Vermutung nach etwas Wahres, das verdient, gewürdigt zu werden.

Es sind, wenn wir genauer hinschauen, mindestens drei Punkte, die wir lernen müssen, ob wir wollen oder nicht, und zwar von der Psychologie heute.

Der erste Punkt entspricht der Theorie der Glaubenslehre selbst und lautet: niemand kann das Sakrament der Buße empfangen, der nicht selber wiedergeboren ist aus der Gnade der Taufe und ein neues Leben empfangen hat durch die Wiedergeburt in Christus. Nehmen wir diese Lehre beim Wort, so bedeutet sie, daß selbst scheinbar so einfache Dinge wie Wahrhaftigkeit üben und eine ehrliche Erforschung unseres Lebenszustandes einleiten uns nicht möglich sind, es sei denn, wir hätten gelernt, auf Leben und Tod Vertrauen zu setzen, daß uns Vergebung werde. Und ein solches Vertrauen ist in der Tat keine Kleinigkeit.

Es kann Jahre dauern, sagt uns die Psychoanalyse, ehe Menschen fähig werden, ein Stückchen mehr Wahrheit von sich selber zu begreifen, eine Zeit, in der sie nicht «zensiert» werden sollten. Darin liegt eine Erfahrung, die sehr dem Grundanliegen Jesu selbst entspricht. Ihm standen ja jene Menschen außerordentlich nahe, die von der

Gesellschaft geächtet wurden als Huren, Sünder und Zöllner, solche, die überhaupt keine Masken mehr tragen konnten, weil ihr Leben so am Rande und derart zusammengebrochen war, daß es gar nichts mehr nutzte, sich etwas vorzumachen. Jenseits einer gewissen Schamschranke hört das demonstrative Heuchelnmüssen auf. Es versiegt einfach die Energie, die nötig ist, um die Dauerlügen aufrechtzuerhalten.

Eben von diesen Menschen meinte Jesus, daß sie, schon weil es gar nicht anders ging, sehr gut begreifen würden, wie von Grund auf sie des Erbarmens Gottes bedürfen. Wenn heute fast neunzig Prozent unserer Bevölkerung zum Sakrament der Buße keinen Schritt mehr tun, kann es dann nicht sein, daß sie das Vertrauen einfach verloren haben, in der Kirche sei solch ein Raum auch nur zu vermuten, in dem Vergebung sei – ohne Verurteilung, Anklage, Dirigiertwerden, Abgeurteiltwerden! Einen solchen Raum aber wollte Jesus unbedingt. Insbesondere von der Synagoge seiner Zeit verlangte er auf Leben und Tod, daß sie die Tempelwände öffnete gerade für diese Gruppe der Verlorenen. Für wen denn sonst? Er wollte, daß wir von Gott sprächen, gütig, angstfrei und voller Vertrauen, denn nur das kann unser Leben wirklich ändern.

Gilt dies, so müssen wir zum Zweiten lernen, daß es viel wichtiger ist, die Motive von Menschen zu beachten, als das, was Menschen tun, mit fertigen Maßstäben zu messen. Die Kirche ist zum Beispiel darin sehr groß gewesen, den Hauptunterschied zwischen den läßlichen und den tödlichen Sünden im Grunde nur einem einzigen Bereich der Sittlichkeit zuzuschreiben. Die Zeiten sind nicht lange her, in denen auf Zentimeter genau festgesetzt wurde, wann die «Todsünde» begann, indem man irgendeinen Film im Kino betrachtete oder indem ein 16jähriger mit einem Mädchen, 15jährig, auf der Parkbank saß. Dieses so genaue Wissen, wann Menschen in die Hölle kommen – abgemessen mit dem Bandmaß der ganze Abgrund zwischen Himmel und Hölle! –, hat die Kirche seit Jahrhunderten gegenüber der Poesie, der Sensibilität, der Ehrlichkeit ganzer Generationen in einem Umfang schuldig gemacht, daß es vielleicht lange Zeit dauern wird, ehe diese Schuld abgetragen ist. Es hat Menschen, statt mit Vertrauen, mit Angst vor sich selber, mit Haß auf sich selber, mit dem fehlenden Wagemut vor dem Leben erfüllt, und zwar immer im Namen eines Gottes, der sieht, «wo kein Mensch mehr sieht». Für die Generation, die heute heranwächst, ist die Macht, solche Schuldgefühle zu erzeugen, weitgehend geschwunden, und siehe, im gleichen Umfang auch das Interesse an der Beichte. So eng also hängen die Dinge offenbar zusammen.

Dieselben Menschen, die heute der kirchlichen Beichte fernbleiben, haben oft ein sehr feines Gespür für das, was stimmt, und für das, was nicht stimmt. Wie man miteinander redet, wie man fair ist und dem anderen eine Chance gibt, einen Konflikt offen zu halten, lernt man heute womöglich in der Schule mehr als an der Starrheit bestimmter kirchlicher Normen. Wie man vom Grundgefühl her miteinander so spricht, daß es dem anderen erlaubt, auch *seine* Meinung einzubringen, ist etwas, das wir unter dem Stichwort Demokratie inzwischen als gelebte Lebensform zur Voraussetzung des Miteinanders erklärt haben. Was in Menschen vor sich geht, was sie wollen bei dem, was sie sagen, welche Gefühle sie leiten, scheint viel wichtiger als das, was als äußerer Tatbestand in Erscheinung tritt. Es ist eben nicht möglich, einfach von außen her zu sehen, was gut oder richtig ist. Alle Dinge werden schwebend, dialektisch möglicherweise, außerordentlich kompliziert jedenfalls. Aber gerade so war Jesus von Nazaret, daß er die Verstrickungen und wahren Motive von Menschen sah.

Und noch ein Drittes können und müssen wir lernen: daß im menschlichen Leben Dinge zu bestimmten Zeitpunkten richtig sein können, die zu anderen Zeitpunkten falsch werden. Um es noch viel schwieriger zu sagen: es kann Dinge geben, die nach dem Gesetz der Moral unzweideutig falsch sind, und dennoch gibt es Menschen, die das tun, was sie tun, zu diesem Zeitpunkt, an dem sie es tun, gar nicht bereuen können – so sehr gehört es zu ihnen und so nötig scheint es, dies erst einmal zu versuchen. Von der Psychologie könnten wir lernen, daß Menschen aus Versuch und Irrtum das bißchen Wahrheit finden müssen, das für ihr Leben vorgesehen ist, ja, daß es sogar sein kann, daß vieles, was zu früh verboten wurde, später nachgelernt werden muß, und kein Mensch kann dann erwarten, daß es auf Anhieb gleich schon im moralischen Sinne richtig und gekonnt ins Leben tritt.

Liegt nicht auch darin eine Schuld, die wir auf uns geladen haben: besonders in den wichtigen Bereichen des menschlichen Lebens prompt und fertig vollendete Menschen erwartet zu haben? Vor allem im Umgang mit der Liebe, dem Schönsten und Kostbarsten unseres Lebens, sollte immer alles schon gekonnt sein? Vor der Ehe nur die Sünde, in der Ehe nur die Pflicht, und außerhalb der Ehe wieder nur die Sünde? Wann aber *lernt* man die Liebe und das Träumen unter so viel Druck? Und wie bringen viele Menschen es fertig, plötzlich von der Sünde zur Pflicht hinüberzugehen, ohne wieder mit Haß und Zorn auf sich selbst oder am Ende sogar auf den Menschen erfüllt zu werden, der an ihrer Seite lebt? Es gibt so viele Probleme, und sie verschlimmern sich, wenn wir sie moralisch weiter abriegeln. Eine der wichtigsten Anweisungen Jesu lautet in der Bergpredigt: «Wenn jemand dich nötigt, eine Meile Wegs mit ihm zu gehen, geh mit ihm zwei.» Er wollte damit offenbar sagen: was Menschen brauchen, ist Begleitung durch dick und dünn. Es kommt allein darauf an, an der Seite des anderen zu stehen, wenn er Angst hat; es kommt nicht darauf an, in sein Leben hineinzuregieren und immer schon zu wissen, was da in Ordnung gebracht zu werden hat. *Das* weiß vermutlich der andere am besten selbst.

Gott erwartet,
daß wir nicht halbherzig leben

Was uns Zukunft gibt

Unglücklicherweise ist die religiöse Sprache voller Mißverständnisse, sie meint es meistens anders, als es klingt. Hört man ihre Worte, wie man sonst Alltagsworte hört, so muß man sich oft gegen ihren Inhalt wehren. «Seid wachsam!» heißt es zum Beispiel in der Heiligen Schrift. Als ob wir an Rast- und Ruhelosigkeit nicht längst viel zuviel zu leiden hätten! Als ob wir nicht längst von all der ständigen übernervösen und überreizten Hetze randvoll genug hätten, als wären nicht Schaflosigkeit und seelische Erschöpfung Hauptkrankheiten unserer Zeit, und als wollten wir nicht endlich einmal ausspannen und zur Ruhe kommen und ohne Wachsamkeit und ohne Sorgen die Augen wenigstens eine Zeitlang zumachen können...

Christus fordert uns also nun zur Wachsamkeit auf, sogar noch mit einem weiteren Plus an Verantwortung: «Jedem seiner Knechte gab er eine *bestimmte* Aufgabe...» (Mk 13,34). Als wenn wir nicht schon viel zuviel zu verantworten hätten, wofür wir in keiner Weise wirklich geradestehen könnten, und als wäre es nicht gerade unser Problem, ständig mit zuviel Verantwortung und viel zu vielen Schuldgefühlen herumlaufen zu müssen.

Und doch meint paradoxerweise Christus mit seiner Aufforderung zum Wachsein gerade uns mit diesem unserem Getriebe und Gejage. Ich entsinne mich der Stelle, an der Albert Speer, der Rüstungsminister Adolf Hitlers, in seinen «Erinnerungen» davon spricht, wie er gegen Ende des Zweiten Weltkrieges, von Mitte 1944 an, immer ruheloser geworden sei; während der von Bombenangriffen zerrissenen Nächte erfaßte ihn ein geradezu hypnotischer Wille zur Arbeit, zur Schlaflosigkeit, als ob, wie er später bemerkte, all dieses Tun nur dem einen Zweck gegolten hätte: nicht «wach werden» zu müssen, nicht die unbarmherzige, verzweifelte, ja verbrecherische Wirklichkeit sehen zu müssen. All das Besuchen von Fabriken und Werksanlagen, all das Absitzen von Führerbesprechungen, all das nächtelange Studieren von Produktionsziffern und Waffenbestellungen: ein einziger Versuch, nicht aufzuwachen und einen süßen, todbringenden Schlaf zu Ende zu pflegen.

Wenn Jesus sagt: «Wacht auf!», dann meint er: hört auf, an euch selbst und der Wirklichkeit vorbeizulaufen, mit eurer Ruhelosigkeit eurer eigenen Wirklichkeit auszuweichen, euch zu Sklaven und Götzenopfern eurer Träume und Illusionen zu machen. Öffnet die Augen und seht, was wirklich ist; nehmt Stellung zu dem, was ihr wirklich seid, und hört auf, euch etwas vorzumachen, von dem ihr euch dann mit allen möglichen Nervenkrisen durchschütteln lassen müßt.

Was «schlafen» in diesem Sinne heißt, das konnte man vor ein paar Jahren auf dem Höhepunkt der Drogenszene sehen, als Tausende von Jugendlichen den wahnsinnigen Streß und Leistungskonkurrenzkampf nicht mehr aushielten. Sie flohen nach Indien oder Marokko in die Wüste oder stiegen mit künstlichen Betäubungsmitteln «aus». «Schlafen»: das heißt, nichts mehr sehen und hören zu wollen aus Verzweiflung! Wie der Prophet Jona möchte man sich in einem äußersten Winkel vergraben und nicht mehr aufstehen, weil der Wecker morgens nur das Startsignal eines Alptraums bedeutet und man im Schlaf das endgültige Nichts, das Verlöschen, den Bruder des Todes liebt.

Daher hören wir zwischen den Zeilen noch etwas anderes aus diesem Evangelium heraus: Kein Verzweifelter, kein lebendiger Toter hat ein Verhältnis zu seinem Leben und zu seiner Zeit. Weil er nie selbst gelebt hat, kennt er keine Vergangenheit – weil er nichts mehr erwartet, kennt er keine Zukunft. Er steht mit seiner resignierten Geschäftigkeit nicht hellwach auf Posten, er findet sich vielmehr todmüde festgelegt; er findet, daß sein Leben wie zugeschüttet, wie begraben ist.

Wachsein im Sinne Jesu ist das Gegenteil dieser Verzweiflung. «Ihr braucht doch», scheint Christus zu sagen, «euch nicht ewig unter der Tretmühle fremder Diktate und Programme vorwärtspeitschen zu lassen. Ihr könnt anfangen, selbst zu leben, indem ihr darauf achthabt, was für eine Aufgabe euch in eurem Leben wirklich zukommt, wozu ihr wirklich gemacht seid, wer ihr eigentlich seid; ihr könnt euch aus dem Traum eurer Abhängigkeiten befreien und euch einmal fragen, was für euch wesentlich ist und wofür ihr leben wollt; ihr könnt euren eigenen Lebensinhalt finden, der unvertauschbar euch gehört und von dem ihr sagen könnt: Das bin ich, dazu hat Gott mich bestellt.» Dann gibt es so etwas wie Zukunft. Dann ist es möglich, über die Hast des Augenblicks hinweg nach vorne zu schauen und innerlich das Gefühl zu bekommen, daß da nicht alles aus ist, sondern vielmehr etwas auf mich zukommt, auf das ich gespannt warten kann.

Dabei das Entscheidende: das Eigentliche meiner Zukunft kann und brauche ich nicht selbst zu «machen». Ich kann und darf und muß zu meinem Leben stehen. Aber für das Resultat, das sich dann einstellt, bin ich nicht mehr verantwortlich, das steht bei Gott. In der Psychologie hört man sagen, gegenüber allen Verdrängungen, Fehleinschätzungen und Illusionen seelischer Erkrankungen sei es wichtig, das Realitätsprinzip geltend zu machen, also gewissermaßen mit beiden Beinen endlich auf den Teppich zu kommen. Was Christus mit «Wachsein» meint, liegt offenbar in dieser Erfahrung: daß wir keinen Grund haben, der Wirklichkeit auszuweichen. Was in ihr selbstgemachte Schuld ist, können wir uns eingestehen, wenn das letzte Wort unseres Lebens ein Wort der Vergebung ist. Was in ihr überfordernd und untragbar ist, können wir abschütteln, wenn wir vor Gott nur das zu sein brauchen, als was er uns erschaffen hat. Was in ihr demütigend und kleinlich ist, vermögen wir zu akzeptieren, wenn Gott im ganzen zu uns Ja sagt. Wach sein und warten können wir in dem Bewußtsein, daß Gott auf unser kleines Leben seit Ewigkeit schon wartet. Gott erwartet, daß wir *selber* leben. Und überall, wo wir es tun, da wird ein Stück von Gott in diese Welt eintreten, da kommt Gott auf uns zu und wir zu ihm.

Der ungerechte Richter

Ist es richtig, Gott mit der Vorstellung eines ungerechten und launischen Dorfrichters zusammenzubringen? Darf man seine Herrschaft, mit dem Willkürdiktat eines Dorfkadis vergleichen, der morgens zwischen neun und elf Uhr nach seinem eigenen Geschmack und nach der Höhe der Bestechungsgelder «Recht» spricht? Man darf, scheint Jesus im Gleichnis vom ungerechten Richter (Lk 18,1–8) zu denken; man muß, scheint er zu sagen, wenn man es mit Menschen zu tun hat, die in Gefahr geraten, Gott als einen ungerechten Despoten anzusehen. Leicht wäre es von Gott zu sprechen, wie er an sich ist, wie ihn die Schriften schildern, wie er, ruhig und unverfälscht vom Weltenlauf, in seinem reinen Wesen zu erkennen ist. Leicht wäre es zu sprechen, wie es Elihu, der Freund Ijobs, im Alten Testament tut, wenn er seinem Gefährten im Unglück erklärt: «Gott ist erhaben in seiner Macht! Wer ist ein Lehrer gleich ihm? Wer hat seinen Weg ihm vorgeschrieben, und wer darf zu ihm sagen: ‹Du hast schlecht gehandelt?›... Sieh, Gott ist groß, nicht zu begreifen, unerforschlich seiner Jahre Zahl... Den Allmächtigen, wir ergründen ihn nicht, den Erhabenen an Macht, der das Recht, die Gerechtigkeit nicht beugt. Ihn sollen fürchten die Menschen...» So könnte man sprechen, und immer wäre man im Recht. Und dennoch täte man den Menschen unrecht, die im Unglück sind. An ihrer Not würde man vorbeisprechen. Ihre Fragen und Zweifel würde man nicht beantworten; man würde lediglich erklären, daß sich die Fragen, die das Unglück stellt, für einen Gläubigen im Grunde nicht gehören. Aber was heißt es dann, ein Glaubender zu sein?

Christus scheint selbst zu wissen, daß die Gedanken der Enttäuschung und Empörung gegen Gott nicht aus Glaubenslosigkeit erwachsen. Im Gegenteil, sie treffen Menschen, die sich weit, sehr weit auf Gott und seine Führung eingelassen haben. Aber unmerklich und von innen her höhlt das Leiden die Kraft aus, noch etwas anderes zu sehen als die Stelle, wo das Loch ist, wo es mangelt, fehlt. Daß es im Unglück sehr schwer fällt, an Gott zu glauben, ist das eigentliche Unglück.

Was denn, wenn Gott mit eigenen Händen die Reben vom Weinstock reißt, wenn er mit seinen eigenen Füßen die Kelter tritt und stampft – was für ein Riß in allem, was für ein Widerspruch! Kann Gott unserer besten Hoffnungen spotten?

Auf diese Frage, diesen Vorwurf, auf diese Angst, Gott sei ein launischer, willkürlicher, rücksichtsloser, selbstherrlicher Richter, geht Jesus im Gleichnis vom ungerechten Richter ein. Er erklärt diesen skandalösen Vergleich: es ist für die Antwort auf einen Skandal. Nehmen wir einmal an, scheint Jesus sagen zu wollen, es gebe so eine richterliche Willkür und Ungerechtigkeit, setzen wir einmal voraus, daß Gott so sei, was folgt denn dann daraus? Christus schildert es in einem Bild: «Da lebte in dem gleichen Dorf auch eine Witwe, und sie kam immer wieder und bat, verhilf mir zu meinem Recht.» So ähnlich sei unsere Lage. Es bleibt *uns* gar nichts anderes übrig, als wieder und immer wieder Gott zu bitten.

Die Frau im Gleichnis mag eine junge Frau sein, offenbar steht sie nach dem Tod ihres Mannes hoffnungslos verschuldet da; vielleicht hat sie ein paar Kinder zu versorgen und weiß nicht, woher das Geld zu nehmen. Man wird sich vorzustellen haben, daß diese Frau eventuell alte Rechnungen ihres Mannes einzutreiben hat und hofft, auf diese Weise dem Schicksal der Straße entgehen zu können, oder es soll ihr die Hinterlassenschaft ihres Mannes gepfändet werden. In jedem Falle geht es um irgendeine Vermögensstreitigkeit, denn eine Klage beim Einzelrichter ist nach israelitischem Recht nur in Geldangelegenheiten denkbar. Der reiche Gegenspieler dieser Witwe indessen scheint den Kadi bestochen zu haben, sie ist ihrem Prozeßgegner und der Willkür des Richters also völlig ausgeliefert.

Aber eben: obwohl das so ist, kapituliert sie nicht. Sie tritt in ihrer Not die Flucht nach vorn an. Eine andere Wahl hat sie nicht. Sie nimmt alle Kraft zusammen und bestürmt den Richter, klagend und weinend, pausenlos. Gerade *weil* der Richter launisch ist und willkürlich, gerade deshalb sieht sie eine Chance...

So ist die Lage dieser Frau. Und wir, wenn wir uns ähnlich fühlen, könnten wir es nicht ähnlich machen? Spüren wir nicht gerade in den Augenblicken, da Gott uns launisch, willkürlich und grausam vorkommt, daß wir ihn mehr brauchen denn je, daß uns gerade dann nichts anderes bleibt, als ihn mit unseren Bitten, Klagen und Seufzern zu drangsalieren bis zum Überdruß und uns mit all den Vorwürfen, die in uns stecken, freizusprechen vor Gott? Es ist nicht nur das alte Sprichwort, daß Not beten lehrt, es ist die tiefe Erfahrung, daß wir im Unglück letztlich keinen anderen mehr haben, der uns hört, versteht und uns trotz allem annimmt; daß wir gerade im Unglück, wenn ringsumher alles wie abgeschnitten und verloren scheint, nur um so mehr auf Gott zurückgeworfen sind.

Christus fordert uns mit dem Gleichnis vom ungerechten Richter auf, diese Erfahrung anzuerkennen. Er möchte verhindern, daß wir uns in der quälenden Vorstellung eines willkürlichen und launischen Gottes aufreiben. Er bringt den Humor auf, in seiner etwas lustigen Geschichte dieser Karikatur von Gott ihre Gefährlichkeit zu nehmen und uns über den Graben der Verzweiflung hinwegzuziehen. Ein bißchen gelöster, ein bißchen weniger verkrampft, ein bißchen mehr an überlegener Entschlossenheit geht von dem Gleichnis Jesu in die Welt unserer Traurigkeit hinüber. Wenn ihr Gott für so einen ungerechten Über-Kadi haltet – dann ruft es ihm doch in die Ohren, dann rechnet doch damit, daß die Not den längeren Atem und die Zähigkeit die besseren Nerven besitzt! Dann vertraut doch auf die Leidenschaft des Unglücks – und ihr werdet merken, daß Gott anders ist als ein launischer Richter.

Der islamische Mystiker Al Gazzali schildert einmal, wie ein solches Vertrauen zu Gott über den Abgrund des Zweifels und der Auflehnung hinweg aussehen kann. «Es geschah einmal, daß Gott es über Israels Land sieben Jahre nicht hatte regnen lassen. Alle Gebete um Regen waren vergeblich. Schließlich sagte Gott zu Mose: ‹Ich kann eure Gebete nicht erhören, denn eure Herzen sind von Sünde verdunkelt, so daß ihr ohne festen Glauben betet. Schickt nach meinem Diener Baruch!› Endlich fand man Baruch, der sich als ein armer Negersklave erwies, und er übernahm es zu beten. Er begann sein Gebet damit, daß er seinem Herrn einen ordentlichen Rüffel gab: ‹Pflegst du in dieser Weise zu handeln? Paßt das mit deiner Milde zusammen? Was ist mit dir los? Sind deine Augen schwach geworden, haben die Winde aufgehört, deinem Befehl zu gehorchen, oder sind deine Vorräte zu Ende gegangen? Oder zürnst du vielleicht über unsere Übertretungen? Bist du denn nicht der Gott, der lange verziehen hat, ehe du uns Sünder erschufst?› Mose erschrak über eine derartige

Kühnheit, aber Gott sagte: ‹So ist mein Diener Baruch: Er bringt mich jeden Tag dreimal zum Lachen!› Und Regen fiel in Strömen, so daß man bis an die Knie im Wasser watete...»

Die Haut

Ende der fünfziger Jahre erschien in Italien ein damals weitverbreiteter Roman von Curzio Malaparte unter dem Titel «Die Haut» (la pelle). Das in allen Teilen bewußt widerlich bis zur Unerträglichkeit gehaltene Werk schildert die Vorgänge gegen Kriegsende 1944 beim Einmarsch der Amerikaner in Neapel. In breiten Bildern des Ekels analysiert Malaparte, wie der Mensch besiegt, erniedrigt, überrollt, prostituiert und ausgebeutet wird, bis nur noch ein Aspekt von ihm übrigbleibt: seine Haut. Die Haut, die jeder zu retten sucht, die Haut, die man zu Markte trägt, die Haut, die man jemanden über den Kopf zieht, die Haut, die man so teuer wie möglich zu verkaufen sucht; der Mensch als alte Haut, treue Haut, nackte Haut, verwundete Haut.

Tatsächlich ist die Haut mehr als die Oberfläche unseres Körpers. Die erste und tiefste Verbindung zur Außenwelt, die Quelle der elementarsten und ursprünglichsten Gefühle von Lust und Schmerz, die grundlegende Brücke zur Realität bilden die Sinne der Haut. Krankheiten der Haut können entstehen, wenn Menschen die Wirklichkeit selbst als ständig angsteinflößend, ekelhaft und abstoßend erleben, wenn jedes Gefühl der Zärtlichkeit, auf das unsere Haut so angenehm reagiert, in der Umgebung vermißt wird. «Ausschläge» auf der Haut sind eine Antwort auf mangelndes Angesprochen- und Gestreicheltwerden, auf mangelnden Kontakt. Wenn er fehlt, erkrankt das Organ unserer Haut, das zwischen uns und der Welt vermittelt. Zugleich ist es für solche Menschen nicht mehr möglich, sich von der Umwelt abzugrenzen. Alles strömt schutzlos auf sie ein. Überempfindlich ziehen sie sich zurück. Die Bibel hat daher ganz recht, wenn sie den «Aussatz» als eine Krankheit der Seele beschreibt, als das Chaos von Geistern, die man selbst nicht gerufen hat, die von außen eingedrungen sind und deren Herrschaft man wie willenlos ausgeliefert ist.

Es würde sich nicht lohnen, darüber so viele Worte zu verlieren, wenn nicht jeder von uns ein Stück weit solch ein Aussätziger wäre: ein Mensch, der sich scheu und voll Angst und Widerwillen sperrt gegen die Menschen, die ihm Furcht einflößen und eine unheimlich drohende Umwelt verkörpern. Sehr eindringlich hat Nelly Sachs das große Leid der Menschen ausgedrückt, die, von mimosenhafter Kränkbarkeit, sich auf sich selbst zurückzuziehen gezwungen sind:

«Wir sind so wund, / daß wir zu sterben glauben, / wenn die Gasse uns ein böses Wort nachwirft. / Die Gasse weiß es nicht, / aber sie erträgt nicht eine solche Belastung; nicht gewöhnt ist sie einen Vesuv der Schmerzen / auf ihr ausbrechen zu sehen.»

Der Ausbruch eines Vesuvs der Schmerzen, eine Verwundung, die zu sterben glaubt bei einem bösen Wort – das ist der Hintergrund des Ausssatzes.

Und noch etwas anderes steckt in dem Bild vom Aussatz: jeder, der wirklich körperlich darunter leidet, erlebt ihn wie einen sichtbaren Ausbruch der eigenen Verworfenheit, als träten die eigenen Sünden und Laster für jeden sichtbar an die Oberfläche. Scham, Angst und Ekel der anderen, meist schlecht unterdrückt, öfter noch unverhohlen geäußert, umkreisen einen solchen Menschen. Er wird jetzt endgültig verstoßen und gemieden. Im Altertum war man sogar der Ansicht, daß der Aussatz ansteckend sei, man schickte die Kranken vor die Stadt. Wenn jemand in ihre Nähe kam, mußten sie schon von weitem vor sich warnen und mit der Klapper den notwendigen Abstand markieren. Was für ein Bild für das, was wir so oft, so häufig tun: daß wir gezwungen sind, dem anderen auszuweichen; unsere Neigung, uns selbst für etwas ganz und gar Verkommenes und Unanständiges zu halten, dem niemand zu nahe kommen sollte, als wären wir wie eine Gefahr für alle Mitmenschen; der Hang, uns abzusondern und niemanden mehr an uns heranzulassen. – Rilke sagt in seinem «Lied des Aussätzigen»:

«Sieh, ich bin einer, den alles verlassen hat. / Keiner weiß in der Stadt von mir, / Aussatz hat mich befallen, / Und ich schlage mein Klapperwerk, / klopfe mein trauriges Augenmerk / in die Ohren allen, / die nahe vorübergehn. / Und die es hölzern hören, sehn / erst gar nicht her, und was hier geschehn, / wollen sie nicht erfahren.

Soweit der Klang meiner Klapper reicht, / bin ich zuhause: aber vielleicht / machst Du meine Klapper so laut, / daß sich keiner in meine Ferne traut, / der mir jetzt aus der Nähe weicht. / So daß ich sehr lange gehen kann / ohne Mädchen, Frau oder Mann, / ohne Kind zu entdecken. / Tiere will ich nicht schrecken.»

Wem dieses Bild vor Augen steht, der weiß, was sich im Evangelium abspielte, als die Kranken zu Jesus kamen und ihn um Heilung baten, lange hingestreckt auf die Erde, als seien sie selbst eins mit dem Staub, eins mit der Unreinheit und Unansehnlichkeit der Erde. Der Herr trug ihnen auf, zurückzukehren zu den Menschen und ihren Anblick den Priestern zuzumuten. Entgegen der Scheu und der Selbstablehnung sollten sie wieder an ihre Reinheit und Unschuld glauben lernen, sollten für möglich halten, was sie selbst am meisten wünschten: daß sie, wie alle, mit dazugehören dürfen und berechtigt sind. Es ist ein Schritt, der überwindet, was an Angst bisher so angesammelt war, daß es durch alle Poren drang.

«Und während sie hingingen, wurden sie rein» (Lk 17, 14).
Daß Menschen im Vertrauen auf Gott wieder beginnen
können, sich wohl in ihrer Haut zu fühlen, und den Mut
zurückgewinnen, sich vor den anderen sehen zu lassen –
dies Wunder unglaublicher Zuversicht ruhte in Christus.
In seiner Nähe schmerzte es nicht mehr, an die Welt zu
rühren. Die Unberührbaren, die Ausgesetzten fanden zurück zur menschlichen Gemeinschaft. Und ehe noch der
Tempelpriester prüfen konnte, ob sie auch wirklich rein
geworden waren, konnten sie selber spüren, was sich in
ihnen auf das Wort des Menschensohnes hin geändert
hat: es wird in alle Zukunft nichts mehr geben, weswegen
sie den anderen ausweichen müßten.

Unwürdige Knechte?

Zum Paradox gehört, daß man es gründlich mißverstehen kann. Man kann das Christus-Wort vom Herrn und Knecht in den Geruch bringen, als wolle es den Menschen unterjochen und versklaven und ihn um das Gefühl seines eigenen Wertes bringen. Seit den Tagen der Aufklärung verstummt der Vorwurf nicht, der Glaube an einen persönlichen Gott liefere den Menschen einem allmächtigen und fremden Herrn aus, die Religion mache den Menschen unmündig und abhängig; und noch einen Schritt weiter wird man behaupten, die Religion selbst sei überhaupt nur eine Widerspiegelung der sozialen Abhängigkeit und Unterwürfigkeit des Menschen.

Tatsächlich muß man wohl zu solchen Auffassungen gelangen, wenn man die Religion nur von außen kennt und sie nie auf sich selbst bezogen hat. Alles, was die Religion zu sagen hat, muß unsinnig, unfrei, gezwungen und sogar unmenschlich erscheinen, solange sie äußerlich genommen wird. Erst wenn man sie von innen her auffaßt, wenn es in einem selber so ist und stimmt, merkt man, wie alles sich neu ordnet und ins Lot kommt ...

Was bedeutet es in meinem Leben, mein eigener Herr zu sein, und was bedeutet es, Gott als Herrn zu haben? Was ist Freiheit ohne Gott – was ist sie, kann sie sein in Gott?

Bekannt ist die Geschichte von *Buridans Esel*. Buridan hatte einen Esel, der einmal voller Hunger zur Futterkrippe kam, um zu fressen. Unglücklicherweise war das Futter so verteilt, daß es in zwei gleichgroßen Haufen nebeneinander lag. Der Esel, der genau in der Mitte zwischen ihnen stand, war also gezwungen, sich für einen der beiden Haufen zu entscheiden. Vergeblich suchte das arme Tier nach irgendeinem Grund, der ihm eine Entscheidung ermöglicht hätte. Die Entfernung zwischen ihm und den beiden Futterhaufen maß hierhin wie dorthin die gleiche; die Aufschichtung war die gleiche usw. Und solange der Esel auch überlegte – er konnte sich nicht entscheiden. In nächster Nähe der Nahrung war das arme Tier dazu verurteilt, zugrundezugehen...

In gewissem Sinne scheint es nun, daß die Freiheit eines Menschen, der sein eigener Herr sein will, Buridans Esel gleicht. Für ihn verwandeln sich alle Dinge in ein Spiel gleichwertiger Möglichkeiten. Gewiß, uns können Stimmungen und Neigungen hierhin und dorthin ziehen, aber dieses Diktat zufälliger Launen gelangt nie dazu, eine wesentliche, bestimmende Richtung zu bringen. Ohne Gott kann ein Mensch sich zu diesem bestimmen oder zu jenem – er wird, wenn er mit Bewußtsein handelt, nie das Gefühl verlieren, daß im Grunde alles «egal» ist. Alles hängt allein von ihm selbst ab. Mitten in einer Welt, die voller Ziele und Werte ist, kommt ein solcher Mensch um vor Hunger nach Sinn und Erfüllung, nach Grund und Halt und Auftrag. Er lebt in einer Welt, in der infolge eines fehlenden Zusammenhanges alles auseinander fällt.

Eugène Ionesco sagte in seinem «Tagebuch» einmal: «Was hätte ich alles machen, was hätte ich alles hervorbringen können, wäre nicht diese unvorstellbare, enorme Müdigkeit gewesen, die seit ungefähr fünfzehn Jahren oder vielleicht noch viel länger auf mir lastet. Eine Müdigkeit, die mir das Arbeiten, aber auch das Ausruhen verwehrt, die mich das Leben nicht genießen läßt, die mich hindert, mich zu freuen, mich zu entspannen, und die es mir unmöglich macht, mich mehr den andern zuzuwenden, so wie ich es ganz gern gewollt hätte, statt mein eigener Gefangener zu sein, Gefangener meiner Müdigkeit, dieser Last, dieser

Bürde, die die Bürde meiner selbst ist: Wie sich den andern zuwenden, überwältigt vom eigenen Ich? ... Ich begreife von Mal zu Mal besser, was die Ursache dieser Erschöpfung ist: Es ist der Zweifel, es ist die ewige Frage ‹wozu›, die von jeher in meinem Geist Wurzeln geschlagen hat und die ich nicht ausreißen kann. Ach, wenn das ‹wozu› in meiner Seele nicht gekeimt hätte, wenn es später nicht gewachsen wäre, bis es alles andere überwuchert und die anderen Pflanzen erstickt hat, dann wäre ich wohl ein anderer Mensch geworden, wie man so sagt ...»

Das Gefühl, alles machen zu können, aber zu nichts aus innerer Notwendigkeit bestimmt zu sein, bewirkt dieses Versinken von allem und jedem in einem Meer der Gleichwertigkeit und Beliebigkeit.

Ohne Gott ist es, wie wenn ein Kind auf einem Kirmesplatz seine Eltern verloren hat und voller Angst durch das Gewühl der Menge irrt; die Karussells drehen sich weiter, die Stimmen der Ansager haben nicht aufgehört, die Glücksräder sind nicht stehengeblieben. Aber das Kind in seiner Angst weiß nicht, wohin es sich wenden soll. Verwirrt läuft es hierhin und dorthin, nirgendwo findet es Ruhe. Alle Dinge sind ihm egal, nichts gilt ihm mehr. Vielleicht daß es sich schließlich weinend irgendwohin setzt und nach Vater und Mutter ruft. Gott aber – das ist so ähnlich, wie wenn plötzlich Vater und Mutter von hinten heranträten, ihr Kind streichelten und bei der Hand nähmen. Alles ist wieder gut. Kein Weinen mehr, kein Rufen. Dies Kind weiß wieder, wohin es gehört. Und mit einem Mal bekommt alles seine Wirklichkeit zurück: der Straßenhändler mit den dunkelroten Äpfeln, der alte Mann mit den bunten Luftballons, der Losverkäufer mit dem gelben Teddy ... Wie ein böser Traum verschwindet, so tauchen die Dinge aus dem Dunst des Unwirklichen wieder auf. Man er-

wacht, kann sich selber und die Dinge wieder objektiv sehen. Diese Veränderungen von innen, dieser Umsturz der
Welt von einer leeren Wüstenei zu einem Tanzplatz sinn-
erfüllten Lebens, das heißt es: Gott als Herrn des eigenen
Lebens anerkennen. Es heißt, daß auch mein Leben sein
darf und zu etwas gut ist. Ich darf mir sagen, daß Gott auch
mein Leben für irgend etwas geschaffen hat. Das ganze
Glück, die ganze Unruhe, das ganze Geheimnis unserer
Freiheit und unseres Daseins besteht darin, daß wir uns
selbst nicht annehmen können, ohne so etwas wie Gott
anzunehmen, daß Gott uns helfen kann, uns selbst zu akzeptieren.

Judas, Kaiphas, Pilatus, wir

Wenn Jesus in Jerusalem einzieht, sind die Würfel bereits gefallen. Längst hat der Hohe Rat den Bannspruch über ihn gesprochen. Jeder, der Jesus sieht, ist dem Gesetz nach verpflichtet, ihn anzuzeigen oder Beweismaterial gegen ihn zu sammeln. Lange schon hat Jesus die Öffentlichkeit gemieden und sich nach Ephraim, in ein Dorf am Rand der Wüste, zurückgezogen. Jetzt, wo das Passahfest näherrückt, drängt es ihn zur Entscheidung: zur Thronbesteigung, denken seine Jünger, «um den Heiden ausgeliefert zu werden», sagt er selber. Ein letztes Mal stellt er sich dem Volk und der Öffentlichkeit: als ein König des Friedens, wie er es im Wort Gottes gelesen hatte.

Es ist die Verkündigung eines Reiches, das keiner haben will. Der Hohe Rat findet Jesus unbequem und lästig, gefährlich und beunruhigend. Es steht die Todesstrafe darauf, gegen die Autorität der Priester und der Ratsmitglieder zu opponieren. Das Volk aber, das ihm mit Hosianna-Rufen folgt, versteht ihn nicht; sobald es ihn versteht, ruft es: «Hinweg, ans Kreuz mit ihm.»

Wir neigen meist dazu, die Umstände der Verhaftung, Verurteilung und Kreuzigung Jesu historisch zu nehmen. Wir sehen darin eine Tragödie, die darin liegt, daß Judas, Kaiphas und Pilatus auf ihre Weise versagt haben. Aber diese haben nicht «versagt», sie haben sich durchaus korrekt benommen. Was Jesus erdrückt, ist nicht das zufällige Versagen eines einzelnen; es ist der Riesenmühlstein unserer Geschichte. Damals wie heute, nichts hat sich geändert.

Wir kennen zum Beispiel Judas als «treulosen Verräter». Aber das war er nicht. Ein Mann, der sich wegen der Hinrichtung des Angezeigten umbringt, ist kein gemeiner Denunziant. Er war auch nicht ein geldgieriger Dummkopf: die dreißig Silberlinge wirft er den Hohenpriestern vor die Füße. Hingegen wird er ein Mann gewesen sein, der die jüdischen Religionsgesetze ernst nahm und der von Jesus in den tiefsten Zwiespalt seines Lebens geführt wurde. Wahrscheinlich hat niemand wie er darunter gelitten, daß sich die Botschaft Jesu so unversöhnlich mit der überlieferten Religionsauffassung stieß. Manche im Jüngerkreis haben selbst nach dem Tod Jesu noch nicht begriffen, worum es ging. Petrus zum Beispiel befolgte weiterhin das jüdische Gesetz.

Was mag Judas gedacht haben, als er Jesus auslieferte? «Ich tue damit, wozu mich das Gesetz verpflichtet?» Kann sein. Aber dann hätte er nicht so sehr an Jesus hängen können. Vielleicht jedoch: «Ich will eine Klärung, einen gerechten Prozeß, ein gerechtes Urteil. Jesus wird stark genug sein, den Hohen Rat zu überzeugen. Der Meister irrt sich, wenn er glaubt, der Hohe Rat sei voreingenommen, starr, korrupt und festgefahren. Wenn es um ein Menschenleben geht, vertritt er Gottes Recht unter den Menschen.»

Ob wir wissen, was es heißt, mit Wahrheiten und Überzeugungen zu leben, die sich widersprechen? Dann gibt es nur eine Möglichkeit: wir setzen auf das Schwächere, Unerprobte, Neue, Einzelne, weniger Abgesicherte. Aber wer hat den Mut, so zu entscheiden: wenn das Wort Gottes im Munde der Schrifterklärer, der bestellten Wissenschaftler und Theologen gegen das Wort eines einzelnen steht, der als Begründung nur seine Erfahrungen, seine Visionen, seine Hoffnung, sein Leben zur Beglaubigung zu bieten hat?

Auf das Wort des Kaiphas geht der Bannspruch über Christus zurück. Er war von 18 bis 36 n. Chr. Hoherpriester. Ein brillanter Diplomat, ein hervorragender Taktiker! Achtzehn Jahre vermittelte er zwischen der zynischen und judenfeindlichen Politik der römischen Besatzungsmacht und den Ansprüchen der jüdischen Religion, ein Vertrauensmann der Orthodoxen wie der Römer. Man mag sich fragen: wie kann ein jüdischer Hoherpriester Helfershelfer einer heidnischen Kolonialmacht sein? Kaiphas glaubte, daß nur so die Religion vor einem blutigen Ende bewahrt und das nationale Fortbestehen des Volkes gesichert werden könnte. Zeiten der Fremdherrschaft bilden zwiespältige Menschen aus. Kaiphas hat die Zwiespältigkeit selbst gewählt und bis zur Virtuosität gesteigert. Für ihn war die Zwiespältigkeit nicht wie bei Judas im Inneren, sondern nur im Äußeren, im Taktischen, Diplomatischen, in der Kunst des Möglichen, im Bereich der harten Realitäten und der geduldigen Verantwortung. Ein solcher Mann muß nach außen loyal sein, um nach innen frei zu sein, muß anders handeln, als er denkt, und mit dem Teufel verhandeln, um den Tempel Gottes unangetastet zu lassen. Nichts ist verloren, wenn nur ein Eklat vermieden wird.

Kaiphas hat nicht gesagt, daß Jesus Unrecht hat, er hat gesagt, daß es inopportun ist, ihm zu folgen; er hat nicht gesagt, daß Jesus sich irrt; er hat gesagt, daß es gefährlich ist, auf ihn zu hören; er hat nicht gesagt, daß Jesus den Tod verdient hat; er hat gesagt, daß er getötet werden muß.

Und Pilatus? Von ihm ist nicht mehr viel zu sagen. «Du bist kein Freund des Kaisers mehr», hatte Kaiphas ihm gesagt. Das überzeugte ihn. Denn alle menschliche Macht hat ihre eigenen Gesetze. Pilatus, der Repräsentant der Weltmacht Rom, ist ein gehorsamer Diener der

Macht. Die Soziologen wissen längst, daß in einer Gruppe niemand ohnmächtiger und unfreier ist als der Führer.

Pilatus, der die Macht vertritt, ist selber bis zur Groteske abhängig; er muß noch das Volk fragen und es sich gnädig erhalten, um an der Macht zu bleiben. Er darf keinen Zentimeter von dem Weg der Gunst abweichen, nach oben wie nach unten. Die Tretmühle der Macht ist unentrinnbar. Die Menschen aber glauben an sie. Werden *wir* je aufhören, an etwas anderes zu glauben?

Als Jesus in Jerusalem einzieht, sind die Würfel gefallen. Die Zerspaltenheit, Zerrissenheit und Unentschlossenheit unseres Herzens liefert Jesus dem Todesurteil aus. Die Überlegung, daß das Reich Gottes von uns bewahrt, erhalten, vorbereitet werden muß, der Glaube, daß der Zwang der Fakten es nicht anders zuläßt, spricht ihn schuldig; die Administration, die Macht, die Unterwürfigkeit bringen ihn um. Alles – Religion, Politik, Vernunft, die Realität – ist gegen ihn, und die für ihn sind, sind es nur halben Herzens.

Das nicht-gelebte Leben

Wenn wir uns beruhigen wollen bei der Betrachtung der großen Gestalten der Geschichte, sind wir geneigt, auf den Ausgang ihres Lebens zu schauen. Wenn wir wissen, wie eine Geschichte ausgeht, können wir uns zurücklehnen, und alle Spannung fällt von uns ab, denn wir kennen ja das Ende. Wenn es hingegen um das wirkliche Leben geht, muß man unbedingt auf den Anfang achten, wo noch nichts entschieden ist, jedes Risiko noch offen, jedes existentielle Wagnis noch unausgemacht, wir selbst in der ganzen Spannung unseres Lebens noch wartend, hoffend uns ausstrecken nach der Zukunft. Dies ist unser ganzes Leben: zu hoffen und zu glauben, daß das Wesentliche noch kommt; denn alles Entscheidende kann sich nur ereignen für die noch Suchenden, für die Nicht-Fertigen.

Worauf warten wir wirklich? Das ist die Frage, die seit den Tagen der Bibel zu jeder Zeit an jeden Menschen ergeht. Es gibt alte Weissagungen über unser Leben, und sie drängen danach, sich zu erfüllen. Aber wie vernehmen wir die verbliebenen und verwehten Schriftzeichen Gottes in unserem Herzen? Es gibt heilige Prophezeiungen über unser Dasein, noch ehe wir zur Welt kamen. Aber wie finden wir den Anschluß an unser größeres und eigentliches Wesen? Es ist die Meinung der großen Gestalten Israels, des Amos, des Hosea, des Jeremia, daß es als erstes darum gehen müsse, das Volk wieder einen neuen Durst und einen neuen Hunger zu lehren. Es ist ein Thema, das in unseren Tagen vielleicht mehr als alles andere aktuell ist: wie man die Menschen zurückführen kann zu der Leidenschaft einer fast verlorenen Sehnsucht. Selber am Rande der Verzweiflung, glaubten die Propheten des Alten Israel, wenn Gott wieder eine Chance bekommen könnte, gehört zu werden, so müsse er es seinem Volke zumuten, von neuem eine Zeit der Wüste auf sich zu nehmen; oder, umgekehrt ausgedrückt: er könne seinem Volk die Einsicht nicht ersparen, daß seine ganze Lebensweise einer einzigen vollendeten Wüstenei gleichkomme.

Vor fünfzig Jahren noch war dies der Protest des französischen Dichters Exupéry: man könne nicht mehr leben nur nach den Vorschriften von Robotern, man ersticke daran, nur inmitten von Kreuzworträtseln und Kühlschränken vegetieren zu sollen. Auch Exupéry sprach von der Menschenwüste, und er beschwor eine Welt des Neuanfangs inmitten der kostbaren Entbehrungen der Sahara. Tatsächlich gibt es kaum eine größere Gefahr für die Menschlichkeit, als so zu leben, wie wir es inzwischen fast für unsere Pflicht erklären: äußerlich beruhigt in jeder Art äußerer Lebensnotdurft, wohlversorgt, wohlabgesättigt, wohlabgefüttert mit allem, was das Herz begehrt, vollgestopft mit materiellem Krimskrams bis zum äußersten, und dennoch so, daß es sich wie eine immer schwerer werdende bleierne Deckschicht grau und erstickend über unsere Seele legt. Vor lauter Sorgen und Besorgungen im Alltäglichen stehen wir in der Gefahr, immer mehr zu vergessen, wer wir eigentlich sind und was wirklich in uns leben könnte.

Mitunter scheint es, als wenn tatsächlich erst die Not uns weise macht. Es wird kaum jemanden geben, der heute älter ist als fünfzig und sich nicht noch erinnern könnte, wie es in unserem Land nach 1945 aussah. Ganze Häuserzeilen lagen in Schutt und Asche; man hatte kein Geld in der Hosentasche, man lebte von der Hand in den Mund. Aber merkwürdig, es gab damals Tugenden, die seit über dreißig Jahren wie verschollen scheinen, ein Gefühl der Brüderlichkeit, des Verständnisses, der Bereitschaft, einander zu helfen und miteinander am gleichen Sttrick zu ziehen; es gab die Ödnis dieser Verfettung noch nicht, die uns seither heimgesucht hat; es gab die Verspießerung, die Vermopsung noch nicht, wie sie die alten Propheten vor Augen hatten, wenn sie das Sich-Einrichten im Kulturland geißelten, die Götzendienerei der Fruchtbarkeitsreligion, den Tanz um das Goldene Kalb, den öden «Materialismus», wie wir es heute ausdrücken würden.

Was eigentlich braucht ein Mensch, um leben zu können? Johannes der Täufer sagte: «Laßt euch taufen.» Er meinte damit das Zeichen eines radikalen Neuanfangs, einer echten Wiedergeburt.

Wenn heute im Christentum ein Kind zur Welt kommt, bringen wir es zum Empfang der Taufe in die Kirche, um damit deutlich zu machen, daß ein Mensch, der als Kind seiner Eltern geboren wird, sich niemals nur als das Produkt anderer Menschen fühlen soll; nie ist ein Mensch nur das Ergebnis seiner Umgebung bzw. das bloße Resultat fremder Erwartungen. Er ist und besitzt ein eigenes Ich, das aus den unsichtbaren Händen seines Schöpfers hervorgegangen ist. Er ist als Mensch ein Wesen, dessen Stirn den Himmel berührt und dessen Herz weit ist wie die ganze Welt. So frei, so groß, so würdig soll er leben dürfen.

Was aber bedeutet die Taufe, wenn sie *Erwachsenen* angetragen wird, uns, die wir schon dreißig, vierzig, sechzig Jahre auf der Welt sind? Für uns bedeutet dies eine Einladung, ein Leben des Scheins abzuwerfen und uns zu fragen, wer wir wirklich sind: «Fang an, den verschollenen Wegen nachzuträumen, die du nie gegangen bist; hab' einmal den Mut zu überlegen, wie dein Leben aussähe, wenn du es noch einmal beginnen könntest. Jetzt, zurückblickend, mit der Erkenntnis von heute, wie würdest du leben mögen, könnte alles noch einmal von vorn anheben? Wage zu denken, was du nie hast denken dürfen, wage zu tun, was du nie hast tun dürfen, wage zu sein, was du niemals sein durftest und was doch als Bestimmung in dir liegt!»

Man mag ein solches Angebot für Phantasterei halten, man mag es störend finden, über die noch unentdeckten Möglichkeiten seines Lebens nachzudenken; man mag sagen: wir leben, wie wir leben; der Zug ist abgefahren, wir sitzen darin und haben bereits zwanzig Stationen hinter uns gebracht; im übrigen wissen wir womöglich gar nicht so genau, auf welcher Strecke wir uns überhaupt befinden. Ob der Zug nach Hamburg, Warschau, Paris oder München führt, wer will das sagen? Hauptsache, es geht weiter!

Wie aber, wenn wir unsere ursprüngliche Gestalt wiederzufinden vermöchten? Wie, wenn wir noch einmal buchstäblich alles umkehren könnten und wir gerade dort begännen, wo all das seither Nicht-Gelebte abgebrochen wurde?

Wir sind soviel reicher, als wir selber glauben; unsere Seele ist soviel schöner, als wir ihr zutrauen; unser Dasein hat so viele Möglichkeiten. Wer eigentlich zwingt uns, ständig auf unser eigenes Leben, auf unser eigenes Wesen zu verzichten? Einzig doch nur die Angst, der Mangel an Vertrauen und die beigebrachten Formeln des Nachplapperns all dessen, wovon die anderen sagen, daß man es zu tun oder zu lassen habe.

Vermutlich ist dies die wichtigste Frage unserer Zeit, wie wir der kommenden Generation, uns selber miteinbegriffen, den Mut zu höheren Zielen, den Glauben an die Sterne, die Sehnsucht, es den Wolken nachzutun, neu vermitteln können. Wenn wir den Durst von Verdurstenden, den Hunger von Verhungernden wieder zu fühlen beginnen inmitten einer Welt, die uns nicht sättigen kann, ist der erste Schritt schon getan, daß Gott wieder wahr wird in unserem Herzen und wir Gottes gewahr werden in unserem Leben.

Den Blick
aus dem Tod ins Leben richten

«Als Jesus den Essig genommen hatte, rief er: Es ist voll-bracht. Und mit gesenktem Haupt übergab er seinen Geist» (Joh 19,30). Mit diesen Worten faßt das Johannes-Evangelium das Leiden Christi zusammen. Wenn man die Szene malen wollte, wie Johannes sie meint, darf man sie nicht so zeigen wie die Maler der Gotik, Matthias Grüne-wald zum Beispiel: ein Christus, dessen Gestalt schmerz-zerrissen ist, ein Porträt der Schande, des Entsetzens und der Qual. Wenn man die Szene malen wollte, wie *Johannes* sie versteht, so eigentlich in der Weise eines romanischen Kreuzes: Hier geht ein König ein in seine Herrlichkeit. Er überschreitet die Infragestellung des Todes, der Angst und des Abgrunds. Hier zeigt sich die Herrlichkeit Gottes und die Herrlichkeit des Menschensohnes.

Schon im Sinn der anderen Evangelisten muß man Johan-nes nun fragen, wie er dazu kommt, so zu sehen, er, der als einziger bis in die Stunde des Todes unter dem Kreuz aus-hielt. Weißt du nicht, Johannes, müßte man mit dem Mat-thäus-Evangelium fragen, daß in der Stunde von Golgota die Sonne sich verfinsterte und die Erde bebte? Was sprichst du von Herrlichkeit und Erhöhung am Kreuz? Da wäre es wahrer, man zeichnete das Bild am Kalvarienberg ähnlich, wie es Hieronymus Bosch am Anfang des 16. Jahr-hunderts gemalt hat.

Johannes hätte darauf bestanden, daß sein «romani-sches» Bild von der Kreuzigung Jesu zu Recht besteht, *gegen* die Gemälde der Verzweiflung an Gott und am Men-schen. Wenn du liest, hätte er uns gesagt, wie Christus stirbt, so betrachte sein Sterben nicht anders als sein Le-ben.

Dieses Leben bedeutet: das Licht kam in die Finsternis, nur: die Welt liebte die Finsternis mehr als das Licht. Alles, was in der Passionsgeschichte zu sagen ist, scheint wie ein Beweis, wie eine Zusammenfassung dieser Bilanz. Es ist zugleich eine Zusammenfassung unser aller Leben. Und gleichgültig, wie die Akteure des Szenariums der Hinrichtung Jesu heißen, sie hausen in uns allen.

Die Rechner gibt es, die Judas-Menschen. Wieviel ist ein Mensch wert? Wieviel hat man vom Verkauf eines Menschen? Man sage nicht, das sind schon über hundert Jahre her, daß man in den Südstaaten Amerikas Menschen zwischen Tabak und Bananen verkaufen und kaufen konnte, für zwanzig oder dreißig Dollar. Schauen wir genau hin, und wir werden finden, welche Macht «Judas» besitzt. Wie sehr organisieren sich menschliche Beziehungen nach der Kunst zu rechnen, zu berechnen, zu verrechnen, abzurechnen? Was habe ich vom anderen? Was bekomme ich vom anderen? Was kann ich für Gewinn aus ihm herausziehen, kalkulierend, fixierend, taxierend? Inwieweit lohnt es sich, mit einem Menschen Beziehung zu haben? Und immer verrät man und tötet.

Es gibt Leute von der Art des Petrus, die Pragmatiker. Sie bestehen darauf, daß man in jeder Situation weiß, was zu tun ist. Sie haben das Zepter in der Hand oder das Schwert. Sie haben die großen Sprüche im Mund, und sie sind Manns genug dazwischenzulangen. Ihre Welt ist so einfach. Man muß dieses oder jenes tun, man muß Maßstäbe setzen, man muß gradesetzen, man muß zurechtsetzen. Die Petrus-Menschen verletzen mit ihren Setzungen und Satzungen, und sie lösen kein einziges Problem. Aber in ihrer Borniertheit sind sie ungeheuer tüchtig und fleißig und in gewissem Sinne sogar tapfer. Sie treten womöglich auf als Retter des Menschlichen und des Heiligen, doch am

Ende verleugnen sie alles, weil sie sich selbst nicht kennen.

Es gibt die Leute vom Schlage des Hannas und des Kaiphas, die diplomatischen Menschen, die Logiker der Geschichte. Sie wissen genau, nach welchen Gesetzen man Menschen auf die Waagschale der politischen, kirchenrechtlichen und öffentlichen Vernunft legt. Immer ist es besser, daß ein einzelner stirbt, um größeren Schaden zu verhindern. Immer sind sie verantwortlich, immer klug, immer bewaffnet mit guten Argumenten. Aber ihr Herz ist vereist, ihre Gefühle sind kalt, ihre Finger erstorben und ihr Mund braucht sich nur zu bewegen, und er spricht Todesurteile. Immer dienen Hannas und Kaiphas der Verantwortung, der Ordnung, der Vernunft; aber alles, was sie tun, vermehrt die Inhumanität, die Korruption, das Ausmaß des Todes.

Es gibt Leute wie Pilatus. Sie verwalten die Macht, sie sind die Funktionäre, die Apparatschiks des Systems, ohnmächtig selber und immer voller Angst. Sie bekommen es fertig, am Ende schuldlos auf dem Thron zu sitzen. «Ich wüßte nicht, wofür man Jesus hinrichten sollte»; daraus folgt bei ihnen: «Nehmt doch *ihr* ihn und macht mit ihm, was ihr wollt.» Wunderbar, wie sich die Zuständigkeiten unter ihren Händen aufteilen, wie man mit dem Recht Schindluder treibt! Und um so besser kann man es, als man an Wahrheit nicht glaubt. Welch ein Vorteil, wenn es nichts Festes gibt im menschlichen Leben, nichts mehr, wofür man sein Herz riskieren könnte oder sein Leben. Man glaubt an nichts, und also kommt man mit allem aus.

Und so muß man den Text des Johannes nur weiterlesen, und man merkt Schritt um Schritt, Zeile für Zeile: wir treffen in der Passionsgeschichte keine andere Welt an als unsere eigene. Nichts von all dem ist historisch vergangen oder zufällig bedingt. So geht es immer zu. Immer wird es die Rechner, die Pragmatiker, die Logiker, die Zyniker, die Ordentlichen und die Aparatschiks geben. Ihr Zusammenspiel ist unser Leben, oder besser gesagt: unser Tod. Am Ende kommen nur noch die Mechaniker, diejenigen, die das Denken endgültig unter dem Schutzhelm verborgen haben und deren Leiber Instrumente geworden sind zum Töten.

Die Frage ist, woran *wir* glauben im Angesicht eines Lebens, das die Rücksichtnahmen nicht mehr verdient, die wir ihm gegenüber bringen. Es stand unter dem Kreuz eine Gruppe von Frauen, und es warteten auf den Gestorbenen zwei Männer, Josef von Arimathäa und Nikodemus. Der eine hatte in einem Nachtgespräch gehört, daß es das Wunder einer Wiedergeburt gibt und die Freiheit und Allmacht des Geistes, der weht, wo er will. Der andere besaß ein solches Vertrauen, daß er sein Grab bereitstellte, weil er an die Macht der Gräber nicht glaubte. Und es gab diese wunderbare Frau aus dem Fischerdorf Magdala, die, gerettet von sieben bösen Geistern, Jesus treu blieb, weil er sie gelehrt hatte, ihr eigenes Ich und ihr eigenes Denken wiederzufinden. Woran glauben wir? Sehen wir nur die Außenseite von Golgota, wird die Welt so weitermachen, und wir in ihr weiter so fertiggemacht werden, daß wir in ihr weitermachen müssen. Dann leben wir nur in der Angst. Oder aber wir lernen, durch die Dunkelheit unseres Lebens hindurch in die Wahrheit Gottes zu schauen, und hören auf, die Menschen zu fürchten.

Ängstlich sind die Menschen nach der Art des Pilatus, korrupt die Menschen nach der Art des Hannas und Kaiphas, unzuverlässig die Begleiterklärer nach der Art des Petrus, und nicht wert, sich damit aufzuhalten, die Leute von der Art des Judas. Sie alle können nicht widerlegen, was es im

Leben gibt an Verbundenheit der Liebe, der Freundschaft und der universellen Brüderlichkeit des Reiches Gottes. Dieser Glaube ist stärker als das Zeugnis der Sinne; und selbst das Kreuz ist kein Kreuz, sondern der Anfang des Lebens, eines Lebens, das den Namen verdient und beginnen kann: heute oder ganz buchstäblich nie.

Für manche Augenblicke unseres Lebens weiß auch die Religion keine Deutung in Worten mehr. Sie besitzt dann nur noch gewisse Zeichen, die eine Antwort zu enthalten scheinen, aber in einer offenbar verschlüsselten Form, die man nicht in mittelbare Begriffe fassen kann. Immer sind diese sprachlosen Augenblicke von tiefem Schmerz erfüllt; ein Empfinden von Sinnlosigkeit und Verzweiflung breitet sich aus; alles, woran das Leben hing, ist wie zerstört.

Jeder wird solche Augenblicke von Enttäuschung und Bitterkeit, von endgültigem Abschied und nicht wiedergutzumachender Schuld erlebt haben. Jeder weiß auch, daß dann keine Worte mehr trösten, keine Reden mehr helfen. Diese Ohnmacht des Verstandes gegenüber dem Leid, dieses Verstummen aller Trostworte ist wohl der Grund, warum die Religion zur Sinndeutung des Leidens eigentlich keine «Lehren» bereithält. Sie weiß aus dem Menschheitsleiden der Jahrtausende nur zu gut, daß die richtigste Lehre zu einer unmenschlichen Doktrin entarten würde, als eine fertige Formel, als etwas Selbstverständliches, als eine Haltung, die gewissermaßen nur verordnet wird. Nur im Inneren, fernab von allem moralisierenden Zwang, kann im Leid das Geschenk unseres Lebens wachsen. Deswegen bietet die Religion zur Deutung des Leidens bestimmte Bilder an, Verrichtungen, «Sakramente», die es einfach zu tun gilt, rein äußerlich zunächst, und die wie eine Frage sind: ob man bereit ist, den verborgenen Sinn, der sich in ihnen ausdrückt, zu entdecken und auf sich und seine eigene Not zu übertragen.

So wird man sich vor allem wohl den letzten Passah-

Abend Jesu denken müssen: als eine Feier, in der Christus sich selber, sein gesamtes Schicksal angedeutet findet, so sehr, daß er sich selber ganz und gar damit identisch setzt: das Passah, das geschlachtet wird, bin ich. Niemals in Israel hat jemand dieses Bild vom Auszug aus Ägypten tiefer von innen her empfunden und in sein Leben eingelassen als Jesus in dieser Stunde. Es ist ein Augenblick, der alles, was an Menschenleid möglich ist, in sich vereinigt und der schon deshalb nur ein Zeichen zuläßt. Das Bild vom Passahmahl spricht zunächst zu Christus selber. So ist er selber jetzt, wie einst das ganze Volk der Juden: einsam und ausgestoßen, verfolgt und voller Angst, und all dies aus dem gleichen Grund: daß er nicht Menschenmacht und Menschenmachwerk über sich anbetet, sondern allein Gott, daß er von einer größeren Freiheit und von einer höheren Würde lebt, daß er den Weg geht, den Gott selbst in seinem Wesen vorgezeichnet hat, und daß er sich daran durch nichts und niemand hindern läßt. Alle Menschen glauben ja, glücklich und frei zu sein; nur wenn sie jemanden sehen, der es wirklich ist, hassen sie ihn, bringen sie ihn um. Und offenbar muß das alles einmal tatsächlich so geschehen sein, um unzweideutig allen die Augen zu öffnen. Offenbar kann Christus seine Freiheit und sein Glück in Gott, damit es auf alle übergeht, nur leben im totalen Widerspruch, in Verfolgung und Leid, in Mißachtung und Hohn.

Aber eben: diese Zusammenhänge kann man nicht theoretisch von außen begreifen oder erklären. Niemand von außen hätte Christus sagen können: du mußt sterben, damit alle Menschen von ihrer Todesangst befreit werden, du mußt das Verbrechen des Justizmordes an dir vollziehen lassen, damit endlich alle merken, was sie wie selbstverständlich tun. Das Leiden des Herrn ist nichts, das er selbst wünscht, ist keine demonstrative Selbstverbrennung; es ist vielmehr etwas, das ihm von außen auferlegt wird und in dem zunächst gar kein Sinn enthalten ist. Was sollen denn Machthunger, Angst, Hartherzigkeit und unmenschliche Buchstabenfrömmigkeit für einen Sinn haben?

In dieser Nacht werden das Brot und der Wein zum Zeichen. Wenn man in der Antike im Herbst auf den Feldern das Korn vom Halm schnitt und die Reben von den Zweigen trennte, dann sang der Schnitter Trauerlieder für den Gott, der in Korn und Wein und in allen Nahrungspflanzen gegenwärtig war; der sterben mußte unter den Sichelhieben und getötet wurde und der doch gerade so den Menschen Leben wurde und auferstand «im nächsten Jahr». Das Brotbrechen und Kornmahlen, als Sakrament, als Lebenssinnbild, als ein äußerstes Symbol dem Leiden gegenüber – so hat Jesus an diesem Abend das Passah-Brot verstanden: Ich selbst, mein Leben ist dieses Brot, das man zerbricht und das gerade darin Leben schafft. Gott führt mich in ein Äußerstes an Leid hinein – ich würde alles darum geben, wenn ich es verhindern könnte –, aber wenn es doch sein muß, dann muß es wohl in der Weise sein wie das Sterben des Korns auf den Feldern, wie das Sterben der Vegetation, die sich im Tod verjüngt und aufersteht.

«Ich bin das Brot», «Ich bin der Wein» sind Worte, die von innen her im Unzumutbaren, im gänzlich Unerträglichen, in dem, womit sich sonst kein Mensch versöhnen kann, auf einen verborgenen Sinn hindeuten, auf etwas Unvergängliches und Unveräußerliches, für das es keine Worte gibt. Das Zeichen selber ist das ganze Leben, die einzige Antwort auf das ganze Leid der Welt. Schon die Natur, sagt dieses Bild, vernichtet nicht, ohne von neuem zu erschaffen; der Tod in ihr ist nur der Übergang zu einem größeren

Leben. Man kann die Worte Jesu auch so übersetzen, wie sie zwar in den Übersetzungen nicht lauten, aber wie es in ihnen doch enthalten ist: im Angesicht des Sterbenmüssens, des Verurteiltwerdens, des unendlichen Alleinseins und der grenzenlosen Angst der Nachtstunden am Ölberg bittet Christus seinen Vater: wenn ich schon sterben muß, so möchte ich doch als Brot sterben dürfen; und laß meinen Tod sein wie den Tod des Korns.

Christus hat seinen Jüngern von seinem Tod nicht mehr erklärt, als in dem Zeichen liegt, mit dem er selbst sich ganz und gar identisch setzt. Er hat gemeint, eine andere Art, sein Sterben zu verstehen, gäbe es auch gar nicht, als selbst das Brot zu essen und den Kelch zu trinken und am eigenen Leib das gleiche zu vollziehen. Anderes, Tieferes, könnte auch er auf alle Fragen nach dem Leiden uns nicht hinterlassen.

Ob wir uns in diesem Bild und in dieser sakramentalen Wirklichkeit wiederfinden können? Wir werden begreifen, wie das Zerbrechen des Brotes neues Leben schafft. Wir werden dann nicht mehr mit der Zerstörung der Vergangenheit zugrundegehen, sondern weiterleben; und sogar wenn es bis zum Letzten geht, wenn nur der Tod noch auf uns wartet: es ist nichts Neues, was dann auf uns zukommt, es wird dann nur ein letztes Mal und endgültig bestätigt und zusammengefaßt, was alles Leiden uns schon lehrte: wir werden von neuem leben, wenn wir gerade das, was uns so unabänderlich entgegensteht, von Gott her annehmen und bejahen.

Die Kommunion, das Abendmahl ist ein wirkliches und wirkendes Zeichen. Mehr Hoffnung wurde nie verkündet als in den Worten: «Ich selbst bin Brot, ich selbst bin Wein.» Tatsächlich ist dies Gottes Herrlichkeit und unsere Erlösung: der Tod des Herrn und seine Auferstehung.

Fragen an Maria Magdalena

Das erste Licht des Ostermorgens beendet eine schlaflose, zerquälte Nacht. Wir wissen von Maria Magdalena beinahe nichts. Nur eine einzige Stelle beim Evangelisten Lukas (8,2) gibt uns etwas Einblick in ihr Leben. Aber daraus entnehmen wir, wie sehr sie am Herrn gehangen haben muß, denn sie verdankte ihm alles. Maria, diese Frau aus Magdala, dem kleinen Dorf am See Gennesaret, muß, ehe sie Christus begegnete, der Macht des Bösen bis zur Willenlosigkeit ausgeliefert gewesen sein. «Sieben böse Geister» habe er von ihr vertrieben. Lukas deutet damit an, was wir nur noch vermuten können: ein Leben, das sich selbst nicht mehr gehört, das sich entglitten ist und ohnmächtig und hilflos taumelnd, gehetzt, gejagt, getrieben wird, von fremden und zerstörerischen Mächten, die sich der eigenen Kontrolle vollständig entziehen, chaotisch, zwanghaft und zersplittert, ein Leben innerer Zerrissenheit, wie Regenwolken, die ein starker Westwind vor sich herpeitscht und die er um und um wühlt und zerfetzt. So preisgegeben war sie. Jesus hat sie geheilt. Der Spuk des Bösen schien vorüber, so daß es wirklich wie ein Wunder war. Sie hat Christus nie wieder losgelassen, er war ihr Halt, war fortan der feste Punkt, die Mitte ihres Lebens, der Ort, von dem aus die Ordnung ihres Lebens Gestalt bekam.

Und dann waren die fürchterlichen Tage in Jerusalem gekommen, die sie nicht verstand; wie alles aus war, wie sie ihn unter dem Kreuz zur Hinrichtung getrieben hatten. Alles, woran ihr Leben hing, wurde in diesem Wirrwarr der Ereignisse vernichtet. «Sie», die «Mächte», waren also stärker. Alles Vergangene schien wieder in ihr aufzustehen und drohte sie erneut zu überschwemmen. Es schien alles aus.

So macht sich Maria aus Magdala, wie das Johannesevangelium uns in einer wunderbaren Geschichte erzählt (20,11–18), noch in der Nacht auf den Weg – zum Grab. Sie braucht den toten Christus, eine Stütze der Erinnerung. Wenn sein Bild in ihr schwindet, muß ja alles Alte wieder entfesselt werden. Sie wendet sich also zum Grab, aber es ist leer. Das letzte, das verbleibt, erscheint wie geschändet, die letzte Ruhestätte des Herrn liegt wie geplündert da. Da fängt Maria Magdalena an zu weinen, nicht ein befreiendes Weinen, sondern wie man mitunter Menschen weinen sieht, unter denen sich der Abgrund geöffnet hat, ein bodenloses, haltloses, zerstörtes Weinen, das nur noch ausfließt, ohne irgend etwas zu erwarten. Sie wagt nicht einmal in das Grab hineinzugehen, wie versteinert steht sie draußen. Dann endlich sieht sie hin in ihrem Weinen. Die Stelle, wo Jesus gelegen hat, ist leer. Zwei Engel sitzen am Kopfende des Grabes. Aber eingehüllt in ihre schwarze Traurigkeit sieht sie nicht dieses Bild der Engel. Das Weißgekleidete und Strahlende entzieht sich ihren Augen. Eine Frage wird an sie gestellt: «Warum weinst du, Frau?» Sie antwortet dem Engel: «Man hat meinen Herrn fortgetragen, und ich weiß nicht, wohin sie ihn gelegt haben.»

Doch noch während sie diese Worte sagt, dreht sie sich um. Sie löst sich vom Grab, das leer ist und das ihr keinen Halt verspricht. Ihr bleibt zwar die Erinnerung, der Blick nach rückwärts, und da tritt das Bild des Herrn aus der Erinnerung deutlich vor sie hin; es ist ein trügerisches Bild. Aber nun wendet sie sich nach vorn. Doch immer noch ist in dem, was sie erinnern kann, seine Gestalt mit der eines anderen, beliebigen Menschen zu verwechseln.

Maria weiß nicht, wen sie nun vor sich hat, ihre Erinnerung gilt nur dem Toten.

Behutsam wiederholt Jesus die Frage der Engel am Grab: «Warum weinst du, Frau?» Unmerklich, ohne daß Maria es richtig wahrnimmt, bekommt ihr Leben wieder einen Ort und Halt und Gegenstand. Sie glaubt, der Gärtner stehe vor ihr, und so fleht sie ihn an: «Herr, wenn du ihn von hier fortgetragen hast, sag mir, wohin du ihn gelegt hast, und ich will mir ihn von dort holen.»

Noch einmal, inständig und ganz will sie sich an den toten Christus klammern. Sie weiß nicht daß sie gerade so das Leben übersieht, aus Angst vor dem Chaos, das Jesus von ihr genommen hatte. Da spricht Christus sie unmittelbar an: «Maria!» Und jetzt, ganz auffällig und eigentlich unlogisch, heißt es erneut: Da wendet sie sich ihm zu. Bei der Anrede mit dem Namen – «Maria!» – wird sie mit einem Mal fähig, den Blick aus der Vergangenheit zu lösen. Vom Grab weg wendet sie sich, fort von der Haft an der bitteren Erinnerung. Aus der Traurigkeit und Angst, die sie erfüllt, richtet sie den Blick nach vorn in das Leben, in die Zukunft. Nun sieht sie den Herrn lebendig und ihr zurückgegeben.

Der Text des Johannesevangeliums gibt ihren Ausruf dieses Zwiegesprächs zwischen Mutlosigkeit und Hoffnung auf Hebräisch wieder. Es ist der Anfang und der Originaltext unseres Glaubens: «Rabbuni, Herr, mein Meister!» Der Tote lebt, und er steht vor ihr. Sie braucht sich offenbar vor nichts mehr zu fürchten. Die Mächte, die in dieser Nacht am Grab wieder aufzustehen drohten, werden ewig schweigen, denn er, der Herr, ist ihr auferstanden, und für immer.

Und doch ist dieser Christus, den sie vor sich sieht, nur wie ein Anfang, wie ein erster Näherungsversuch. Maria Magdalena möchte ihn festhalten, möchte ihn umarmen und

nie wieder von sich lassen. Und das ist gerade das Unmögliche. Maria wird Jesus nie verlieren, aber er zeigt sich ihr
nur im Vorübergang, nicht handgreiflich, nicht dingfest
sozusagen. «Rühr mich nicht an», sagt Christus, «denn
noch bin ich nicht zu meinem Vater aufgestiegen. Aber
geh hin, zu meinen Brüdern, sag ihnen: ich gehe hinauf zu
meinem Vater und eurem Vater, zu meinem Gott und zu
eurem Gott.» Das ist Ostern: wir sind gemeinsam Brüder
Christi und als seine Söhne und Töchter angenommen.
Das ist das Ziel, der Endpunkt der Bewegung, die mit
Ostern anfängt. Und Maria, die Frau aus Magdala, hat nun
den Jüngern berichtet, daß sie Christus «gesehen» hat;
der Gott unseres Herrn hat uns als Brüder Christi und als
seine Söhne und Töchter angenommen...

Die Gräber und die Sterne

«Christi Himmelfahrt» ist nicht so sehr das Ende von etwas als vielmehr ein Wendepunkt in der Art, die Dinge zu sehen. Zahlreiche Worte in den Abschiedsreden Jesu zwischen Ostern und Pfingsten deuten darauf hin. «Ihr werdet traurig sein, wenn ich gehe», sagt er, «doch ihr könnt mir dorthin noch nicht folgen, wohin ich gehe. Aber es ist gut für euch, daß ich gehe. Denn ich sende euch den Tröster, der euch alles lehren und an alles erinnern wird.» (Joh 13,34; 16,7; 14,26) Sonderbare und dunkle Worte sind das; aber sie zeigen deutlich, daß der Weggang des Herrn nur den Übergang in einem Prozeß bildet, der über sich hinaus führt. In welchem Sinne, hat mich vor Jahre eine Frau gelehrt.

Sie war fast über ein Jahrzehnt in einen Mann verliebt gewesen, ohne wirklich zu ihm zu finden. Manch ein Außenstehender hätte ihre Beziehung vielleicht für aussichtslos oder unglücklich halten mögen. Sie aber lebte nur dafür. Ihr bedeutete diese Liebe alles. «Dieser Mann», so sagte sie, «war mir wie ein Stück Heimat. Ich habe nie gewußt, wohin ich gehöre. Zu ihm hätte ich gehören können. Er war der einzige Mensch, den ich je geliebt habe und von dem ich wußte, daß auch er mich mag.» Plötzlich und unvorhergesehen nun war dieser Mann gestorben. Für die Frau war das wie ein Zusammenbruch. Sie verlor in ihm ihren einzigen Halt. Tagelang lief sie wie verstört durch ihre Wohnung. Tausendmal schaute sie seine Photos an, las seine Briefe. Sie sprach mit ihm, sie lebte mit dem Toten wie mit einem Gegenwärtigen. Im Grunde fühlte sie sich ihm jetzt eher noch mehr verbunden als zuvor. «Früher», sagte sie, «trafen wir uns relativ selten und redeten eigentlich nie sehr viel miteinander. Jetzt aber war er ständig bei mir, und ich redete unablässig mit ihm.»– Dann, eines Tages, kam die Frau wieder zu mir, und es war eine spürbare Veränderung in ihr vor sich gegangen. Ihr Wesen war straffer, herber, irgendwie ruhiger und aufgerichteter. «Ich gehe jetzt immer seltener zu seinem Grab», erklärte sie. «Wenn ich des Abends am Himmel die Sterne hervortreten sehe, überkommt mich eine merkwürdige Stille. Ich weiß, daß die Räume zwischen den Sternen unermeßlich weit und leer sind, und man kann nicht sagen, wo die Seele eines Menschen ist. Sie ist ebenso bei Gott, wie sie in meinem Herzen ist. Und dennoch kommt es mir, wenn ich zu den Sternen aufschaue, so vor, als ob von dort oben jemand auf mich herabsähe. Ich glaube, die Sterne sagen mehr von einem Menschen als die Gräber.» – Lange Zeit habe ich die Frau nicht mehr wiedergesehen. Schließlich schrieb sie mir, sie fühle sich jetzt eigentlich relativ wohl und ausgeglichen, kein großes Leben, aber ein zufriedenes. An ihren Geliebten denke sie immer noch, aber ohne Trauer. Selten, oft nur wie durch Zufall, nehme sie noch eines seiner Photos in die Hand. Statt dessen spüre sie, daß vieles von ihm in ihr weiterlebe: seine Gedanken, seine Haltung, sein Mut, das Selbstvertrauen, das er ihr geschenkt habe; sie sehe ihn nicht mehr so vor sich, wie damals, aber sie spüre ihn innerlich bei sich, und das stärke sie.

Die Frau hatte von sich her niemals irgendeine Verbindung zwischen ihrem Erleben und der Lehre der Kirche von Tod und Himmelfahrt Jesu ziehen wollen; und doch schienen mir die Parallelen überaus deutlich zu sein. «Die Sterne sagen mehr von einem Menschen als die Gräber» – diesen Satz werde ich nie vergessen. Genauso hatte es die Frau damals erlebt, und es gibt nur schwer einen besseren

Ausdruck für das, was «Himmelfahrt» bedeutet, als diese Erfahrung. Während einer langen Phase der Traurigkeit hatte für die Frau nach dem Tod ihres Geliebten, wie in der Bibel, eine «Zeit der Erscheinungen» begonnen; ständig hatte sie seine Person vor sich gesehen; aber stets war sie in dieser Zeit voller Schmerz gewesen und angefüllt mit einer Vielzahl wehmütiger Erinnerungen. Die «Zeit der Sterne» hingegen gab treffend wieder, was in ihr selber seither vor sich ging: sie schaute, wenn sie an ihren Geliebten dachte, jetzt nicht mehr nach rückwärts in die Vergangenheit, sondern sie richtete ihren Blick nach oben; die Gestalt ihres Geliebten hatte jetzt eine Bedeutung für sie gewonnen, die von all den Einflüssen ringsum nicht mehr gefährdet werden konnte; sie stand über allem und überragte alles; zwar war es auch jetzt in der Frau noch nicht wirklich hell geworden, aber sie empfand doch nicht mehr alles so schwarz und aussichtslos wie vorher: etwas in ihr war mitten in der Dunkelheit zu Licht geworden – ein Punkt, auf den hin sie ihre Sehnsucht sammeln konnte. Für diese Frau war ihr Geliebter, wie es sooft die Mythen alter Völker überliefern, buchstäblich zum Himmel aufgefahren; er war für sie unter die Sterne versetzt worden. Der ihr im Tod Entrissene leuchtete mehr denn je fortan in ihre Nacht hinein.

Immer wenn jemand stirbt, an dem man sehr gehangen hat, wird man ähnliches empfinden wie diese Frau. Die Trauer hat ihre eigenen Gesetze, und auch beim Übergang in den Bereich des Religiösen werden sie nicht anders. Um die Sprache und die Bilder der Bibel in den Tagen der Osterzeit zu verstehen, muß man Erfahrungen von der Art, wie diese Frau sie gemacht hat, lediglich noch weit gesteigerter und intensiver, in sich aufnehmen. Alles, was an einem Menschen liebenswert ist und uns ein Stück weit hilft zu leben, verdichtet sich ja doch in Christus, so sehr, daß er nicht nur zum Leben hilft, sondern daß die Bibel sogar von ihm sagen kann: er ist das Leben selbst, das wahre Licht. Nicht nur die Trauer um den Tod des Herrn, auch «die Zeit der Visionen» erscheint daher in der Bibel noch nicht realer und konkreter als in den Schilderungen menschlicher Trauer. Vierzig Tage lang sei der Christus nach seiner Auferstehung den Jüngern erschienen, sagt das Lukas-Evangelium – dies ist eine runde, symbolische Zahl, die oft und bei den meisten wohl sehr viel länger dauern wird; aber anders als in der Zeit der Trauer sonst, leben die Jünger nicht nur mit dem Herrn wie in lebendiger Erinnerung; sie spüren ihn vielmehr wie leibhaftig gegenwärtig. Alles, was er gesagt hat und gewesen ist, lebt weiter; und sie sehen es so dicht vor sich, als wenn sie danach greifen und es mit eigener Hand berühren können.

Doch gerade deshalb, eben wegen dieser Kraft der inneren Visionen, ist es irgendwann nicht zu vermeiden, daß man sogar von diesen inneren Gesichten Abschied nehmen muß. Bilder von dieser Stärke würden die Kraft zum Leben nach wie vor, nicht anders als in aller Traurigkeit ständig nach rückwärts hin verschließen; auch in den Visionen und Erscheinungen bliebe man irgendwie noch immer an etwas Fremdes gebannt; man fände in ihnen nicht zu einem eigenen Leben. Deshalb ist dieser Weggang des Herrn *gut* für seine Jünger. Es soll und muß einmal dahin kommen, daß alles, was er lebte und gesagt hat, ganz und gar innerlich ist, daß man seine Worte glaubt, nicht nur weil Er sie gesagt hat, sondern weil sie gerade so aus dem eigenen Herzen hervorgehen, daß man seine Taten nicht wie etwas unerreichbar Fremdes bewundert, sondern selbst in sich Ansätze, Möglichkeiten und Fähigkeiten entdeckt, so zu sein, und daß der Glaube an Christus nicht etwas von außen Herangetragenes ist, sondern in einem selber lebt.

Damit die Person, damit die Lehre Christi ein Weg bleibt und keine Last wird, damit von ihr Leben ausgeht und nicht Tod, damit sie zur Wahrheit führt und nicht zur Nachahmung mißrät, ist dieser Abschied, ist die Himmelfahrt Christi notwendig. Sie ist der Anfang davon, nicht mehr den Herrn zu sehen, sondern mit seinen Augen wahrzunehmen; nicht mehr den Herrn zu hören, sondern mit seinen Ohren zu vernehmen; nicht mehr in seinen Worten zu reden, sondern mit seinem Mund zu sprechen. – Die Frau hatte ganz recht: Die Sterne sagen mehr von einem Menschen als die Gräber. Der Gottessohn, der aus dem Grab auferstand, ist erst im Himmel Wahrheit; und nur vom Himmel her vermag er seinen Geist zu senden.

*Die Liebe
versöhnt mit dem Tod*

Wirklich erwachsen wird ein Mensch gewiß erst, wenn er beginnt, mit dem Tod zu rechnen. Von diesem Zeitpunkt an ändert sich das Zeitgefühl. Die Begrenztheit des Daseins tritt unaufhaltsam drohend oder tröstlich in Erscheinung, und es ist die erhabenste Kunst und das sicherste Zeichen eines geglückten Lebens, das Altern anzunehmen als ein ruhiges Reifen und Hineinwachsen in Gott.

Doch man muß die Unbegrenztheit des Lebens glauben, um seine irdische Begrenztheit auch im Dahinschwinden der Jugend anzunehmen. Das Altern ist ja nicht nur ein langsames Sterben, ein Schwinden der Kräfte, es ist auch ein deutlicheres Sichtbarwerden der Seele im Körper. Spätestens von vierzig Jahren an ist ein Mensch für sein Aussehen selber verantwortlich – nicht in kosmetischem, sondern in geistigem Sinne; zunehmend schärfer prägt sich im Alter die Seele, das eigene Wesen, in den Zügen und Falten des Gesichtes, der Augen, des Mundes, der Hände, der ganzen Haltung aus. Fast gnadenlos graben sich jetzt Tugend und Laster, Güte und Bosheit, Adel und Dummheit, Straffheit und Faulheit ins Fleisch, als beanspruche die Seele nunmehr, den letzten Rest des Körpers aufzuzehren, ehe sie zu ihrem Schöpfer zurückkehrt. Jedoch: wenn jedes Reifen nur geschieht vermöge der Liebe, so wollen wir hoffen, daß vor allem das Alter uns gegeben sei als eine Zeit der zärtlichsten Erinnerung, des verständnisvollen Ausruhens beieinander und eines nicht endenden Gesprächs geschwisterlicher Freundschaft, die gemeinsam einmündet in Gott, um sich in ihm gemeinsam fortzusetzen.

Das ganze Geheimnis des Todes liegt darin, daß man sich

mit ihm versöhnen kann, wenn man einen anderen Menschen an seiner Seite unendlich liebgewinnt. Nur in der Liebe erschließt sich die unendliche Schönheit und die absolute Notwendigkeit der Existenz eines bestimmten Menschen; nur in der Liebe taucht man gewissermaßen an den Anfang der Schöpfung zurück und vollzieht von innen her den Entschluß Gottes nach, der von Ewigkeit her wollte, daß es diesen einen besonderen Menschen gibt. Die ewig unbeantwortbare Frage aller Metaphysik: warum ist etwas und nicht vielmehr nichts?, findet durch die Liebe ihre Beruhigung. Die Liebe weiß, daß es den anderen geben muß, macht vom Grund des Daseins her dankbar gegenüber Gott für das unermeßliche Geschenk des Lebens. In der Liebe wird der andere zu einem Fenster, das die Welt hell macht und durchsichtig auf Gott hin, und umgekehrt wird seine Zuneigung zu einem Weg und einer Brücke, die von dieser Welt hinüberreichen in die Ewigkeit.

Für den Menschheitsglauben an die Unsterblichkeit des einzelnen gibt es keine wichtigere Stütze als das Argument der Freundschaft und der Liebe — besteht die Liebe doch in nichts anderem als darin, die ganze Welt in ein magisch-poetisches Symbol zu vergeistigen, das an jedem Ort die Nähe des anderen symbolisch bezeichnet und in einer ewig zeitlosen Gegenwart heraufbeschwört. Die Erfahrung der alten Schamanenreligionen von der magischen Zwiesprache mit allen Dingen ist uns Heutigen wohl nur noch in den Erfahrungen der Liebe wirklich zugänglich.

In der Liebe beginnen im träumenden Schein des Mondes die Sterne zu leuchten wie die Augen der Geliebten, und die Nacht dehnt sich hin wie ein Gewand; für die Augen der Liebe schimmert das Heer der Sterne am Himmel wie ein Band aus Haar und Seide. Ebenso in der hellen Welt des Tages: gurren die Tauben in der Birke am Haus nicht ganz so, als brächten sie Grüße von der Geliebten, und formt sich die Stirn jener Wolke am Himmel nicht ganz wie ein liebes Gesicht?

Wenn in der Liebe alles Gegenständliche sich wie notwendig zum Symbol verdichtet, wenn Raum und Zeit in ihr sich aufheben zu einer ständigen beseligenden Gegenwart der Geliebten – jede Zwiesprache ist nur wie das Versprechen einer unerreichbaren Erfüllung. Die Zeit bleibt stehen, während alles heranreift, rascher denn je – wie sollte es da nicht in der Liebe und kraft ihrer Beglaubigung auch im Absoluten gelten, daß Raum und Zeit insgesamt erste Träger, Erscheinungsbilder sind des Einzigartigen, Einmaligen und Kostbaren, das die Person des anderen in ihrem ganzen Sein und Werden ausmacht und umschließt? Die Liebe erkennt und erfühlt die geistige Gestalt des anderen, die nicht in Zeit und Raum, im Spiel der Zufälle begründbar und verstehbar ist.

Eben deshalb ist die Liebe durch den Tod nicht zu entmutigen. Wo die Sinne nichts anderes wahrnehmen können als das grausame Werk der Zerstörung des Schönsten, erkennen die Augen der Liebe das Hervortreten der eigentlichen, unverfälschten Gestalt, ein Hinübergehen in die Gegenwart der Ewigkeit. Ohne einen solchen Glauben an die Unsterblichkeit des Geliebten wäre die Liebe nichtig und der Tod allmächtig; aber die Verwandlung der Sinne, zu welcher die Liebe das ganze Leben erzieht, wird vom Tod eher bestätigt als widerlegt. Das Allerinnerlichste, die Sprache des Herzens, die Berührung der Seelen, ist in sich selbst Beweis, Verheißung und Erfüllung einer Seligkeit, die von Gott selber ist und nie vergeht.

Im Grunde geht es mithin um die Wiederentdeckung einer

Wahrheit, die der libanesische Dichter und Philosoph Khalil Gibran mit den Worten ausgedrückt hat: «O Seele, begehrte ich nicht Unsterblichkeit, hätte ich nie das Lied erlernt, gesungen durch den Kosmos der Zeit. Ein Selbstmörder wäre ich gewesen, nichts wäre von mir geblieben als meine Asche, verborgen im Grab. O Seele, hätten mich nicht Tränen getauft und die Geister der Krankheit nicht meine Wimpern getuscht, so würde ich das Leben dunkel wie durch einen Schleier gesehen haben. O Seele, das Leben ist eine Düsternis, die endet wie im Sonnenglast des Tages. Die Sehnsucht meines Herzens sagt mir, es ist Frieden im Grab. O Seele, wenn ein Narr mir sagt, die Seele verdirbt wie der Körper und das, was stirbt, kehrt nie wieder, so sage ihm, die Blume verdorrt, doch das Samenkorn bleibt und liegt vor uns wie das Geheimnis des immerwährenden Lebens.»

Die heiligen und die armen Seelen

Wäre uns der Glaube an die Heiligen im Himmel nicht so vertraut, so müßte er uns selbst höchst merkwürdig vorkommen. Wieso kann es eine Gruppe von Menschen geben wie die Kirche, die erklärt, sie wisse, bestimmte Menschen müßten in Zeit und Ewigkeit vor den Menschen und vor Gott als Heilige betrachtet werden? Der Kirche selber sind Bedenken gekommen, als sie gegenüber kritischen Stimmen diesen Glauben als ihr Recht behauptete. Wie eigenartig diese Sicherheit der Kirche ist, geht schon daraus hervor, daß sie selbst sogar zum Glaubenssatz erklärt hat, man könne im Negativen niemals behaupten, und auch sie selber, die Kirche, werde sich niemals vermessen, von einem Menschen zu erklären, er sei endgültig im Unheil, sein ganzes Dasein sei gewissermaßen nur eine Vorbereitung auf die Verdammnis; für alle Vergangenheit und für alle Zukunft gelte im Negativen das Wort des Herrn: Richtet nicht, damit ihr nicht gerichtet werdet.

Um so erstaunlicher ist es, daß die Kirche im Positiven meint, heiligzusprechen sei ihr verstattet und möglich. Gewiß, wer will, kann auf der Stelle der Kirche auch hier eine ganze Liste scheinbarer Irrtümer vorhalten; groß sind wir Menschen nicht nur im Irrtum des Verdammens, groß sind wir auch im Übermut des Rühmens! Gibt es doch im Heerbann der kirchlich geführten Heiligen eine stattliche Anzahl von Leuten, deren man sich beinahe schämen möchte. «Heilig» zum Beispiel war Bernhard von Clairvaux, ein Mystiker der Marienfrömmigkeit und darin groß zu schätzen, aber zugleich ein fanatischer Prediger zur Ausrottung der Ungläubigen. «Heilig» war Hieronymus, ein großartiger Gelehrter, der die Bibel in drei Sprachen zu lesen und zu übersetzen wußte, aber auch ein Gelehrter voller Ehrgeiz, Haß und Konkurrenzneid. So kann man fortfahren. Es bedarf nicht der Psychoanalyse, um die Heiligensockel ins Wanken zu bringen. Wieviel an neurotisch Verzerrtem, werden wir heute sagen, wieviel an Flucht vor dem Leben, wieviel an Krampf und Selbsthaß tummelt sich in der Seele auch der Heiligen!

Dennoch hat die Kirche ein gewisses Recht zu sagen, wir sollten, wenn vielleicht schon nicht an die Richtigkeit der Heiligsprechungsprozesse im Einzelfall, dann mindestens grundsätzlich an die Möglichkeit glauben, wir verfügten doch über einem Rest von unverstelltem Instinkt, der uns sagen könne, was menschlich wertvoll ist und gut; irgendwo besäßen wir nach wie vor ein deutliches Gespür für das, was gesund macht und heilt, was menschlich kostbar ist und menschlich leben läßt.

Es kann sein, daß die Zeiten ganzer kirchlicher Epochen sehr bizarr artikulieren, was sie für wertvoll und empfehlenswert erachten, es kann auch sein, daß unser eigenes Herz zu verschroben ist, daß es die groteskesten Dinge zu verehren geneigt ist. Dennoch bleibt im ganzen für uns Menschen das Vertrauen bestehen, daß wir schon wüßten, was zerstörerisch ist und was aufbauend, was schädigend und was zusammenfügend. Vor allem durch die Kraft des Glaubens, jenseits der Schwelle der Angst, könnten wir schon wissen, was an einem Menschen groß und rühmenswert ist.

Die Kirche meint das im Ernst: von keinem Menschen wüßten wir seine Verdammnis, aber von vielen seien wir so gut wie sicher, daß ihr Leben großartig und bereichernd für alle Zeiten ist. Es gebe Menschen, bei denen wir fast traurig werden, daß wir nicht in ihrer Nähe haben leben dürfen, und der beste und richtigste Trost sei es zu wissen, daß nichts im Reich des Geistes endgültig vergeht, daß kein Menschenleben endgültig zu Ende ist, sondern im Gegenteil: zwischen dem Reich der vermeintlich Lebenden und dem Reich der vermeintlich Toten gibt es im Grunde keinen wahre Grenze, nur einen Unterschied der Zeit, der sinnlichen Distanz. In Wirklichkeit gibt es nur eine einzige Gemeinschaft der Lebenden, denn wir alle sind berufen zur Unsterblichkeit. Ist nicht, meinten in diesem Sinne manche Philosophen der Antike, die Geburt nur der Anfang des Sterbens, der Tod aber eine wahre Geburt zum Leben? Und ist nicht vielleicht der Zeitraum von ein paar Jahrzehnten, den wir Leben nennen, womöglich nur ein Schattenbild des Eigentlichen, eine anfanghafte Vorbereitung auf ein Glück, das in der Liebe ewig dauert?

Insofern gehört noch eine andere erstaunliche Lehre der Kirche, die Vorstellung von den «armen Seelen im Fegefeuer», zu den Jenseitsbildern der Unsterblichkeit. Es gebe, lehrt die Kirche, jenseits der Grenze des sichtbaren irdischen Lebens eine Zone der Reinigung, in der die Menschen sich befänden, die schon berufen seien, Gott zu schauen, und doch gerade unter seinen Augen leiden müßten für all die Werke der Schuld, die sie im irdischen Dasein begangen hätten. So sonderbar diese Anschauung sich ausnehmen mag, wir erleben ihre Wahrheit ansatzweise im Augenblick jeder wirklichen Reue. Denn nicht nur unser eigenes Leben hat man oft genug von außen her zu Glück und Leid, zu Tugend und Laster vorbestimmt und vorgeformt, auch wir selber sind und spielen oft genug Schicksal im Leben anderer, zum Guten oft, doch oft genug zum Negativen. Und selten genug sind wir imstande, unseren Irrtum, unser Versagen, unseren Mutwillen von einst noch einmal gutzumachen. Was dann?

Je mehr wir begreifen, wie wir *richtig* zu leben vermöchten, je mehr wir, in der Sprache der Kirche, Gottes ansichtig werden, je mehr wir die Fähigkeit gewinnen, uns selber ein Stück gütiger und liebevoller mit den Augen der ewigen Güte zu betrachten, desto peinlicher werden uns die Momente auf der Seele liegen, in denen wir anderen und uns selber aus Angst ungütig, abweisend und hart begegnet sind. Wir selber spüren, je mehr wir von Gott begreifen, unsere eigene Kleinheit, unsere eigene Armseligkeit so sehr, daß Jesus ein Gleichnis formen konnte, wie es vor Gott mit uns bestellt sei: hoffnungslos, in Millionenhöhe Verschuldete wären wir alle. Je mehr wir von Gott verstehen, desto schwerer mag es uns eines Tages fallen, uns selbst in unserer Engherzigkeit noch zu begreifen. Aber nun zu denken, daß wir vielleicht darauf festgeschrieben werden könnten – die Sanduhr ist abgelaufen, und wir stehen da mit unserer endgültigen Armseligkeit –, da hat man, was die Kirche das «Fegefeuer» nennt, und man begreift, was sie zum Trost lehrt: daß man eine «arme Seele» erlösen könne durch ein einziges «vollkommenes Werk». Wenn irgendeine reine, sündenlose Seele sich fände und ein einziges lauteres Werk vollbrächte, so sei sie imstande, eine derartige «arme Seele» aus dem «Fegefeuer» zu erretten. Ein Mensch, der etwas Gutes absichtslos genug tut, nur, weil es einem anderen dient, und der zu einer solchen reinen Tat befähigt ist, weil er sich selbst geläutert hat, wird einen anderen Menschen, der am eigenen Unglück, das er sich und anderen zufügte, sehr leidet, in alle Ewigkeit sehr glücklich machen können.

Darauf zu hoffen muß *wahr* sein. Denn so innig sind wir Menschen schicksalhaft miteinander verflochten, daß wir diesen Trost ganz dringend brauchen. Viel von dem, was wir im Zeitlichen versuchen, bleibt auf der Strecke oder mißrät ganz. Und doch dürfen wir das Vertrauen haben, daß es vor Gott in den Zeitmaßen der Ewigkeit andere Menschen gibt, die dazu bestimmt sind, fortzusetzen, was wir unternommen haben, zur Vollendung reifen zu lassen, was wir gesät haben, und zu ergänzen, was wir willentlich oder unwillentlich zerbrochen und zerstört haben. Uns selber wird in wechselseitiger Ergänzung und in Dankbarkeit das Leben zur Vollendung reifen dürfen, so daß es schließlich gar nicht mehr «arme» Seelen und «reiche» gibt, sondern nur noch ein einziges gemeinsames Reich des Glücks, der Liebe und eines Verstehens ohne Grenzen, wo sich erfüllt, worum wir täglich beten: «Ja, Herr, dein Reich komme zu uns – bald.»

Das Zeugnis der Liebe

Jeder von uns weiß, daß dies eine grundlegende Lehre des Christentums ist: den Tod gibt es nicht mehr, alles ist und wird aufgehoben in der Macht Gottes, in der Auferstehung. Aber eine Volksbefragung noch vor ein paar Jahren kam zu dem statistischen Ergebnis, daß an so etwas wie ein ewiges Leben nur etwa vierzig Prozent unserer Bevölkerung glauben. Und würde man unter uns diejenigen, die Sonntag für Sonntag die Kirche besuchen, ebenfalls danach fragen, wie intensiv wir diesen Glauben an uns heranlassen, so wären wir vermutlich erschrocken über uns selber – wie wenig er uns gilt. Die meisten, wenn sie ehrlich sprechen, würden von ganzen Phasen ihres Lebens zu erzählen haben, in denen sie viel zu müde waren, sich ein ewiges Leben vorzustellen, ja überhaupt nur wünschen zu können. Eine gewisse Kraft gehört dazu, wenigstens die Hoffnung auf ein ewiges Leben aufrechtzuerhalten. Es muß so etwas geben wie ein eigenes Ich, eine eigene Persönlichkeit, um sich selber in eine Kontinuität zu setzen, die womöglich sogar die Zerstörungsarbeit des Todes überdauern könnte.

Es ist einzig die Liebe, die uns lehrt, daß wir mehr sind als nur ein Teil der Natur. Nichts von all dem, was uns umgibt, beantwortet irgendeine wesentliche Frage unseres Lebens: warum wir existieren, warum wir überhaupt sind. Das kalte Feuer der Sterne schweigt auf unsere Fragen. Die Erde ermöglicht uns, aber wir sind ihr gleichgültig. Und bliebe es nur dabei, müßten wir fast denken, daß sich die Natur erlaubt hätte, mit uns gewissermaßen Scherz zu treiben, indem sie Wesen hervorbringt, die immerzu Fragen in ihren Köpfen haben, auf die sie nicht nur zu antworten sich weigert, sondern die sie mit ihren toten Gesetzen gar nicht beantworten *kann,* ganz so, als hätte sie nur herausfinden wollen, wie lang solche Wesen wie wir es überhaupt vermögen, auf dieser Erde zu existieren, ohne zu verzweifeln.

Die einzige Antwort, die wir besitzen, besteht darin, daß wir uns inmitten der grenzenlosen Einsamkeit der Natur als Menschen zusammenschließen und, so intensiv wir können, versuchen, gegen den Tod anzulieben. Wenn irgend jemand den anderen wesentlich in sein Herz schließt, formen sich, ob er es will oder nicht, ob er es auch nur denkt oder für möglich hält, wie von selber all die Antworten, die uns wirklich tragen. In der Liebe entdecken wir, daß wir einander notwendig sind. Der Natur ebenso wie der menschlichen Geschichte im ganzen sind wir ziemlich nebensächlich, aber einem Menschen, der uns liebt, sind wir wichtig und höchst bedeutsam, so daß er traurig wird und oft verzweifelt, gäbe es uns nicht.

Wohlgemerkt, er liebt uns womöglich nicht, weil er uns nötig hätte, sondern genau umgekehrt: wir sind ihm nötig, weil er uns liebt. Nur durch die Liebe sind wir imstande, uns selber als Personen zu formen, indem wir beginnen, an die eigene Bedeutung überhaupt erst zu glauben. Und vermutlich war dies schon die ganze Tat Jesu, als er auf Erden war, daß er Menschen, die bis dahin sich fühlten wie Blätter im Wind, lehrte und es ihnen zur Erfahrung machte, sie seien etwas unverzichtbar Wesentliches für Gott. In der Liebe taucht man an den Punkt hinab, an dem man versteht, warum es all das gibt. Man begreift, wie Gott auf die Idee hat kommen können, es sollte all das sein, was uns ermöglicht, und schließlich sogar uns selber. Deshalb nennen wir diese Macht im Hintergrund, die wir nicht kennen, aber doch glauben, die Liebe selber, weil es einzig dieses menschliche Gefühl ist, das sich unendlich setzt und von dem her wir am Ende alles begreifen, was uns sonst vorkommen müßte wie ein Irrwitz, als die Widerlegung aller Logik und als die schiere Absurdität. Einzig in der Liebe ordnet sich alles.

Fast ist es erschütternd zu sehen, rückwärts blickend in die Geschichte der Menschheit, auf wie vielen Wegen die menschlichen Kulturen immer wieder in diese Versicherung hineingewachsen sind: es gibt keinen Tod im Augenblick des Sterbens. So legten bereits vor über 70 000 Jahren die Neandertaler ihren Verstorbenen Blumen in das Grab. Noch in der Jungsteinzeit gab man den Angehörigen, weil sie doch als lebend geglaubt wurden, Nahrungsmittel, Kleider, Schmuck und Waffen in die Gräber; sie sollten an nichts Mangel haben. Und am meisten übertreibend waren die alten Ägypter: sie vergrößerten diese Fürsorge für unsterbliche Menschen fast ins Übermaß, bahrten ihre Toten auf einem Katafalk aus Sternen auf, denn sie dachten sich, im Tod nähmen wir Platz unter den Leuchtfeuern des Firmaments, würden wir versetzt an den Himmel, oder anders ausgedrückt, es umfinge uns und umarmte uns die göttliche Mutter, deren Kleid beglänzt ist mit dem Goldglanz der Sterne, und der Himmel selber gebäre uns noch einmal. Sie glaubten daran, daß es so etwas gebe wie eine ewige Ruhe, ein Aufschauen zu einer Ordnung, die niemals vergeht, und ein Wiedersehen am anderen Ufer, ohne den Schmerz, ohne die Traurigkeit, und alles irdische Glück ließe sich hinüberversetzen ins Unendliche.

Und doch: es war so viel Angst im Glauben der Ägypter. Sie klammerten sich wie verzweifelt an diesen irdischen vergänglichen Leib und wollten ihn retten gegen alle Verwesung. Der kleinste Fehler dabei kam ihnen entsetzlich vor in seinen zerstörerischen Konsequenzen. Sie mumifizierten, balsamierten, sie wollten jedes Stück der Erde aufbewahren. Aber die Seele des Menschen hielten sie für einen goldenen Vogel, der die Kraft besäße, zu den Sternen aufzufliegen.

Wir haben im Abendland diesen Vorstellungsrahmen weitgehend übernommen. Wir haben philosophisch die Unsterblichkeit der Seele als Lehre im Christentum förmlich zum Dogma erhoben; und trotzdem stehen wir heute im 20. Jahrhundert ärmer da als je vorher. Was ist unser «Geist» anderes als das flackernde Licht einer Kerze? Nicht auch nur eine Stunde vermögen wir es gleichmäßig leuchten zu lassen, und jeder Windhauch vermag es auszulöschen. Unsere riesige Neuronenmaschine, die wir Gehirn nennen, mag «Geist» produzieren, aber es ist nichts als ein winziger, vergänglicher Ausschnitt aus dieser großen Melodie der Schöpfung.

Es gibt am Ende aller philosophischen und religionsgeschichtlichen Argumente keine andere Zuversicht als den Glauben, den die Liebe lehrt. Das war es, was Jesus wollte. Nichts, was wir sind, steht da mit dem Stolz, es sei in sich gültig. Einzig in der Liebe vermögen wir zu fassen, wer wir selber sind. Und Jesus mochte, daß wir das Wort der Liebe hören, so wie es Gott zu uns gesagt hat, als er uns erschuf. Er wollte, daß wir das Vertrauen in die Macht des Hintergrunds der Welt so wesentlich, so überzeugend setzen würden, daß all die Träume der Liebe in uns stärker würden als die Tragödien des Hasses. Er wollte, daß wir diesen Surrealismus der Ewigkeit zu leben beginnen und einzig der Spannkraft der Liebe Aufmerksamkeit, Wert und Hoffnung schenken würden. Denn nur die Liebe hat die Chance, Leben zu erwecken. Sie ist die Kraft, die uns glauben macht, daß das Leben ewig sei, nicht das Leben der Menschheit im allgemeinen, sondern das Leben eines jeden einzelnen in ihr. Auch das zählt zu dem Wunderbaren: Lieben kann man nie im allgemeinen, und nur die Egoisten lieben es, abstrakt, im Kollektiv zu sprechen. Die Liebe ist immer persönlich, höchst individuell und ganz konkret. Einzig in ihr ist das kleine Ich eines jeden so wichtig, daß der ganze Himmel darauf wartet.

*Zur absichtslosen Güte
fähig werden*

Die Wundmale

Merkwürdig, wie wenig wir einander oft vom Glauben weitergeben können. Der ganze Pomp vom «Zeugnisgeben» und vom «Christentum für andere» zerbricht an einem Mann wie dem «ungläubigen Thomas» (Joh 20,24–29)! In gewisser Weise muß man es erschreckend nennen, wie ohnmächtig die Jünger sind. Man sollte meinen, wenigstens sie verfügten über die nötigen Voraussetzungen, um aus eigener Erfahrung von der Überwindung menschlichen Leidens sprechen zu können; ihnen ist Christus als lebend erschienen, trotz seines Todes. Sie empfanden es als den wesentlichen Auftrag ihres Lebens, in seinem Geist weiterzuwirken und seine Worte weiterzusagen. Trotz allem sind sie außerstande, einen «Ungläubigen» in ihrer Mitte zu überzeugen. Vielleicht ist es viel, daß sie die Vornehmheit besitzen, die Grenzen ihrer eigenen Möglichkeiten zu erkennen und zu respektieren. Für gewöhnlich sind wir geneigt, den anderen mit dem zu bedrängen, was *uns* am wichtigsten ist, und wenn er es nicht annimmt, so sind wir über ihn enttäuscht, halten ihn für unbelehrbar oder womöglich für böswillig, und es fällt uns schwer, ihn dann überhaupt noch als zu uns gehörig gelten zu lassen.

Möglicherweise haben die Jünger selbst gespürt, daß sie des zweifelnden Thomas um ihrer selbst willen bedurften – damit sie den Glauben an die Auferstehung nicht zu flach, zu leicht und billig nehmen. Als Korrektiv kann man sich die Fragen des Thomas vielleicht so übersetzen: «Sehr schön und einfach kommt ihr über die Katastrophe der Hinrichtung Jesu hinweg und tröstet euch mit Auferstehungsworten und Erscheinungen; ganz wunderbar wißt ihr von Vergebung und Versöhnung zu berichten, als ob man nach allem, was geschehen ist, überhaupt noch ein Recht besäße, die ungeheure Schuld mit Worten der Vergebung einzuhüllen...» Ein Mann wie Thomas wehrt sich, die Härte des offensichtlichen Leidens mit Schönredereien zu verleugnen; für ihn kommt alles darauf an, daß das Leid der Welt nicht durch irgendeine Freudenmär vertuscht wird. Das Leid ist sichtbar und ist wirklich; und eine Wirklichkeit ist daher auch die Auferstehung erst, wenn man erkennen kann, wie aus dem Leiden neues Leben sich entfaltet.

Aber jeder wirkliche Schmerz und jede wirkliche Not sprechen gerade dagegen; sie drängen wie von selbst dazu, sich als endgültig zu setzen, und es sieht dann so aus, als sei schon der bloße Gedanke an Hoffnung Selbstbetrug. Der gesamte Atheismus der letzten hundert Jahre nimmt sich aus wie eine solche Thomas-Argumentation der Traurigkeit und der Verzweiflung.

Die Religion kann zufolge dieser Logik nicht wahr sein, da das namenlose Leid und die ungezählte Not der Welt den Verheißungen von Leben und Auferstehung zu offensichtlich widersprechen; angesichts der Wirklichkeit des Elends und des Schmerzes muß jedes Reden von Versöhnung und Verzeihung wie ein Opium wirken, das die eigentlichen Kräfte des Widerstandes und der Wahrheitssuche lähmt und, wenn der Rausch der Illusion verfliegt, nur neuen Schaden und noch schlimmere Verwüstungen anrichtet...

Was aber bleibt dem Menschen, wenn er nicht mehr hoffen darf, wenn all seine Fragen an der rohen Sichtbarkeit, dem simplen Faktum seines Schmerzes wie an einer Mauer in sich selbst zurückgeworfen werden? Man kann aus dem Getto der Angst und des Zweifels nur glaubwürdig herauskommen, wenn man am Betroffenen selbst ersehen kann, wozu sein Leiden gut war. Es gibt an diesen Grenzen der menschlichen Existenz nicht mehr die Möglichkeit des austauschbaren Zeugnisses; daß jemand für einen Dritten erklärt und behauptet, für ihn sei das Leiden notwendig gewesen. Nur wer selbst gelitten hat, kann einem anderen aus seinem eigenen Erleben sagen: für ihn ist alles, was bis dahin nur zerstörerisch und quälend war, doch schließlich gut geworden. Daher «muß» Christus sich seinen Jüngern mit den Malen seiner Wunden zeigen, damit sie aus dem Gefängnis ihrer Traurigkeit und Angst befreit werden, und immer, wenn er kommt und «in die Mitte» unseres Lebens tritt, wird es so sein, wie es dieses Evangelium erzählt: «bei geschlossenen Türen». Er, der Betroffene, kann von sich selbst sagen, daß ihn das Leiden nicht vernichtet hat, daß es sich nicht als fremder Einbruch darstellt, sondern sich im nachhinein als notwendig und gut erweist, als etwas, das von Gott her gerade so für ihn sein mußte.

Wenn wir aufhören, das Leiden und die Fehler unseres Lebens wegzuwünschen, wenn wir lernen, sie als etwas, das zu uns gehört, zu akzeptieren, kommen wir an den Punkt, wo das Ungewöhnliche von Gott her möglich wird: daß selbst die härtesten Zumutungen des Lebens sich in ihrem Sinn erschließen. Dieses Wunder der Verwandlung vermag das Leben innerlich zu öffnen. Es ist dann wirklich so, wie wenn man jetzt, nachdem es überwunden ist, erst richtig anfinge zu leben. Alles erschien bereits wie tot, alles schien wie zu Ende. Man war vollkommen eingeschlossen in Verzweiflung, Ablehnung und Traurigkeit; man kämpfte immerzu gegen ein fremdes, ungerechtes, grausames und unverständliches Geschick und konnte es nicht ändern; und jetzt, wo sich nach außen hin vielleicht gar nichts geändert hat, wo wir sogar die Hoffnung endgültig begraben haben, da fängt von innen her eine Erkenntnis an zu reifen, die auch das Leiden und die Schuld in einem neuen Licht zeigt. Für immer tragen wir jetzt die Markierungen des Leidens in uns; doch es ist jetzt unser Leiden, unsere Schuld; wir brauchen sie jetzt nicht mehr wegzuwünschen oder abzustreiten; wir können sie dem andern zeigen wie ein körpereigenes Erkennungszeichen. Wirklich wie eine Auferstehung von den Toten, wie der Beginn eines ganz neuen Lebens ist das. Und wer es je erlebt hat, kann es dem anderen sagen: «Sieh meine Hände, meine Seite, und sei kein Ungläubiger, sondern sei ein Glaubender.» Es gibt eine Hoffnung jenseits dessen, was wir sonst gemeinhin wünschen und erstreben können; es gibt Leben jenseits des für tödlich Gehaltenen, es gibt einen Neubeginn jenseits dessen, was wir gewöhnlich für das Ende halten.

Jeder, der dieses Wunder der Verklärung des Leidens und des Schuldhaften im Leben eines anderen, an dem er hängt und den er liebt, bemerkt, wird niederfallen und wie Thomas sprechen: «Mein Gott» und «Mein Herr». Dieses so sehr persönliche Gespräch, in dem der Herr sich Thomas offenbart, indem er einen Augenblick lang ganz ausschließlich nur sein Herr und sein Gott ist, verkörpert wie ein Urbild all die nachfolgenden Fälle, in denen Menschen in dem Selbsteinschluß der Angst und der Verbitterung am Ende ihrer Ausweglosigkeiten ihrem Herrn begegneten und im Leiden ihren Gott erkannten.

Volkstrauertag

Es ist nicht Trauer nur, was uns erfüllt, wenn wir – am Volkstrauertag – der Toten zweier Kriege gedenken. Es ist vielmehr Erschütterung, Erschrecken, ja Fassungslosigkeit und Grauen, das uns befällt bei dem Gedanken, daß etwas Derartiges unter uns möglich war und hat geschehen können. Wir bringen sie doch kaum über die Lippen, die ungeheure Zahl von 67 Millionen Toten, die in zwei Weltkriegen auf allen Seiten und an allen Fronten starben: verbrannt, vergast, zerschossen und erschlagen, in einer Orgie des Mordens und des Tötens, wie sie in der Geschichte fast ohne Beispiel ist.

Was sollen wir an einem solchen Tag des Gedenkens den Hinterbliebenen, den noch einmal Davongekommenen sagen? Doch nicht die Redensarten von damals: Mutter, dein Kind starb tapfer, soldatisch und fürs Vaterland; ein Held! Das ist ja nicht wahr. Es ist nicht tapfer und nicht heldisch, es ist im Gegenteil erschreckend würdelos und sinnlos, in einer Hölle detonierender Geschosse zu verenden, beliebig, zufällig, mit irren Schreien, irgendwo im Niemandsland. Gemordet werden heißt nicht sterben. Denn wo der Mensch in ein verrechenbares Material verwandelt wird, wo ganze Divisionen, ja Armeen im gegnerischen Planspiel auf der Generalstabskarte geopfert werden wie ein Pferd beim Schachspiel, wo ganze Großstädte mit Phosphorbomben in ein brennendes Inferno eingeschmolzen werden, da wird nicht mehr «gestorben».

Hinzu kommt das für uns Deutsche Allerschmerzlichste: daß selbst die Allerbesten auf der falschen Seite, für die falsche Sache starben. Das Vaterland der Deutschen damals war nicht auf der Seite der marschierenden Kolonnen; das Vaterland damals wurde geschändet; es floh ins Ausland, ging in den geheimen Widerstand, verschwand bei Nacht und Nebel in den Konzentrationslagern, um fabrikmäßig dahingemordet zu werden. Etwas Furchtbareres gibt es nicht, als daß so unermeßlich viel Leid vom ersten bis zum letzten Augenblick vollkommen sinnlos war: die Massenliquidierungen, der Bombenterror auf Zivilstädte, all die Verbrechen – sinnlos, sie alle sinnlos. Wir Deutsche haben es viel schwerer als die meisten anderen Völker. Wir können uns nicht schmeicheln mit dem «Trost», der Einsatz und das Lebensopfer unserer Gefallenen und in den Bunkern Umgekommenen sei ein Beweis der Zähigkeit des Rechts. Sie alle starben, wenn sie selbst an einen Sinn in ihrem Sterben glaubten, nicht für das Recht, sondern für die Aggression; sie starben nicht für Deutschland; Gott sei Dank, daß wir das sagen können: der braune Spuk – das war nicht Deutschland; der Hakenkreuzkrieg war kein deutscher Krieg. Doch gerade deshalb schmerzt es uns: so viele Anstrengungen, Opfer und Entsagungen vertan für nichts!

Warum also in jedem Jahr ein Volkstrauertag? Soll man dem Ballast der Geschichte nicht endlich ein Ende machen und übergehen zu dem Satz: laßt doch die Toten die Toten begraben? Hat es Sinn, an etwas Sinnloses zu denken? Wir müssen sagen: ja, das hat Sinn. Wir dürfen nicht vergessen, sonst wird alles, alles wiederkommen. Die Millionen Toten wollen nicht gerühmt sein; sie klagen an. Sie mahnen und beschwören uns: stürzt nicht die Welt von neuem in ein unabsehbares Meer von Blut und Tränen, legt endgültig die Waffen nieder! Uns tötete der Krieg; wir starben sinnlos, wenn nicht unser Tod imstande ist, den Krieg zu töten. Der geschichtliche Sinn unseres Sterbens liegt in euren Händen. Wenn ihr den Eindruck habt, daß nicht, noch immer nicht genug gestorben ist, dann ist uns keine Hoffnung mehr. Wir Väter starben nicht, damit ihr unsere Kinder tötet. Wir Frauen starben nicht, damit ihr unsere Kinder tötet. Wir Frauen starben nicht, damit ihr fortfahrt, Großstädte in Planquadraten schachbrettartig zu zerstampfen; zieht doch um alles in der Welt die Folgerung aus unserm Blutvergießen! Wir flehn euch an: laßt es an uns genug sein. Wir brauchen weder Haß noch Fahnen, wir möchten nur, daß ihr unserem Sterben einen Sinn gebt.

Wenn von dem Tod der Kriegstoten die Rede ist, dann muß man sagen, ihr Tod war geschichtlich sinnlos. Dennoch ist die äußere Geschichte nicht der einzige Maßstab. Wo Menschen schuldlos für die Sache anderer sterben, da hat dies auch in sich einen Sinn.

Als Christen wissen wir, wie fruchtbar und wie kostbar das unschuldige Sterben einzelner sein kann und ist. So sehen wir in der Ermordung und der Willkür, mit der Millionen Menschen starben, das Sterben Christi weitergehn und immer neu sich wiederholen. Überall, wo Menschen unschuldig gemordet werden, wird Christus immer neu ans Kreuz geschlagen; und immer neu geschieht dort unsere Erlösung.

Erst von daher legt Friede sich auch über die Massengräber, die der Krieg geschaufelt hat. Die kleinen Feldkreuze auf den Soldatenfriedhöfen, mit morschem Holz noch die Erinnerung an schon verwehte Namen aufbewahrend, in all ihrer Armseligkeit verheißen sie in allem Leid doch eine frohe Botschaft: auch dieser Tod geschah unter dem Zeichen Christi.

Wir wagen kaum zu hoffen, daß es der Menschheit einmal aus sich selbst vergönnt sei, in dauerhaftem Frieden miteinander auszukommen; fast kennen wir die Abgründe des eigenen Herzens viel zu gut, um das zu glauben. Doch glauben können wir, wenn schon nicht an uns selbst – an Christus. Es mag sein, daß viele am Menschen längst verzweifelt sind. Ihnen können wir jedoch weitersagen: die Menschen haben noch viel Schlimmeres getan; sie haben nicht nur sich in Massen hingemordet, sie haben Gott getötet. Doch gerade das ist Grundlage unserer einzigen Hoffnung. «Denn niemand lebt für sich, und niemand stirbt für sich; sondern wenn wir leben, leben wir dem Herrn, und wenn wir sterben, sterben wir dem Herrn; im Leben also wie im Sterben gehören wir ganz Christus.»

Das himmlische Jerusalem

Was erwartet uns jenseits der Grenzmarke des Todes? Diese Frage legt sich auch die Kirche in immer wechselnden Bildern von neuem vor. Denn auf diese Frage brauchen wir eine Antwort, damit unsere Hoffnung stark und unsere Erwartung reich genug sei.

Als man im sechsten Jahrhundert vor Christus den Buddha frage: «Wie wird es sein, wenn sich unser sterblicher Leib auflöst?», antwortete er seinen Schülern der Wahrheit gemäß: «Das weiß ich nicht. Das einzige, was ich weiß, ist: *Dies* Leben besteht aus Leid, Mühsal, Tränen, Leere und Plage. Wem dies nicht genügt, um die Gesetzmäßigkeit, die uns an dieses Dasein fesselt, auflösen zu wollen, mit dem weiß ich keinen Grund zu reden.» – «Wird das Jenseits sein», fragten die Jünger den Buddha, «wie ein Stein, der daliegt, oder wird es sein, wie wenn man an einem sonnendurchfluteten Sommernachmittag sich in den warmen Wellen eines Flusses treiben läßt, und das Wasser umspielt den Körper, und der Geist empfindet dies, halb träumend und halb bewußt?» – «Haltet ein, ihr Jünger», sagte der Buddha, «all dies weiß ich nicht.»

Ein wenig unterscheiden wir Christen uns von den Buddhisten in diesem Punkt. Wohl wissen auch wir: das Leben ist oder kann sein voller Leid und Leere, Tränen und Klage. Aber was uns jenseits der Marke des Todes erwartet, davon lassen wir nicht ab, uns Vorstellungen zu erträumen und zu machen, und wir loten hinab in die Tiefen der Seele, in welcher Gott, als er unsere Seele schuf, Bilder angelegt und geformt hat in nicht endenden Weisen der Vorstellung. So die Geheime Offenbarung, die Bilder des Sehers von Patmos: «Ich sah einen neuen Himmel und eine neue Erde.» Er beschwört uns bei diesen Worten offensichtlich, alles zu vergessen, was wir kennen inmitten einer Welt der Angst, umrauscht von dem Tosen des anbrechenden «Meeres». «Ich sah den Himmel wie eine neue Stadt, ein heiliges Gemeinwesen, ein ewiges Jerusalem.»

Natürlich malt sich auch das Jenseits nur in den Spiegelungen dieser Welt. Dennoch wird dabei das Irdische zur Verheißung und zum Versprechen einer ewigen Heimat, wie wenn wir hinfänden zu unserem eigentlichen Ursprung, zu einem Ur-Bild des Paradieses. Die Erde gewinnt ihren Mittelpunkt zurück, unser Leben zentriert sich um die richtige Achse, unser Dasein ordnet sich und findet sein Maß, gelangt hin zu der Stelle, wo der Himmel die Erde berührt und Gott unser Herz umschließt. Denn anders als in den krampfhaften Versuchen des babylonischen Turms, den Himmel zu erzwingen, zu machen oder zu erstürmen, ist das Glück unseres Lebens ein Geschenk, das sich «herabsenkt von oben».

Aber wie wird es sein in einem himmlischen Jerusalem? Es wird so sein, meint die Geheime Offenbarung, daß man sich eine Stadt denken muß, die geschmückt ist mit Liebe. So gibt es manche Nachmittage, an denen beginnen die Steine zu reden in der Sprache der Sehnsucht, und alle Mauern reden Worte der Liebe, und der Wind in den Straßen flüstert Worte der Zärtlichkeit. Und alles redet nur von den Menschen, denen man am nächsten ist in der Liebe. Wenn so die ganze Welt anhebt zu singen und sich verklärt in dem Gesang der Zärtlichkeit, ahnen wir schon auf der Erde ein Stück vom Himmel. Es mag uns gehen, wie wenn wir irgendwann des Sommertags im Grase liegen und tauchen ein in die Verwandtschaft und Verschwisterung aller Lebewesen und begreifen mit einemmal ein

Stück von der Harmonie der Welt. So kann eine Lerche beginnen zu singen, wenn sie in der Luftsäule aufsteigt und ihr ganzes Wesen nach außen trägt im Gesang. So kann es sein, wenn alles ringsum zum Symbol und Bild wird und zum Gleichnis der Menschen, denen unser Herz gehört. Wir können in der Liebe einander Blumen schenken und lassen sie reden in der Sprache, für die unsere Worte nur schwerlich taugen. Rosen, Lilien und Orchideen reden anders als die plumpen Worte unseres Munde, aber unser Herz berührt sich damit und will im Grunde nur sagen, daß wir den Menschen, die wir lieben, die Sonne vom Himmel holen könnten oder den Mond und ihnen zu Füßen legen möchten. Denn alles ist ein Bild für sie, das Gras, die Sterne und das Nachtgewand des Himmels, alles erinnert an die Gestalt des anderen.

Wenn so die ganze Welt sich formt zur Poesie der Liebe und zur Musik der Zärtlichkeit, dann spürt man, wie es ist, wenn Gott zu reden beginnt, tief aus dem Inneren der Seele eines jeden. «Von seinem Thron herab», sagt der Seher von Patmos, «hörte ich seine Stimme sprechen: Seht mein Zelt unter den Menschen.»

Wir werden Gott nicht sehen können mit den Augen unserer Endlichkeit, aber wir werden ihn unter uns spüren im Kraftfeld der Liebe, seine Stimme wissen im Gesang der Poesie und seine Nähe unvergeßlich, deutlich, bis zur Grenze des Sichtbaren, in den Augen des anderen fühlen.

Einem jeden Menschen, dem wir nahekommen in der Liebe, öffnen wir ein Fenster, durch das Gottes Licht hereinfällt, und jeder Mensch, der uns gegenübertritt mit Augen, die gut sind, öffnet uns ein Fenster in die Ewigkeit.

Es werden jenseits der Marke des Todes die Unterschiede zwischen den Menschen nicht aufhören, denn sie bedingen, was wir als Personen sind; die Unterschiede zwischen Mann und Frau werden nicht aufhören, denn unterschiedlich malt sich die Welt in der Seele eines Mannes und im Herzen einer Frau, die Liebe bedarf dieser Unterschiede. Aber es werden aufhören die Unterschiede der Kulturen, der Rassen und Nationen. Bleiben wird nur, was wesentlich ist im Gesang der Ewigkeit.

Einzig so kann man sich eine Ewigkeit «vorstellen» – in der es keine Traurigkeit und keine Klage, keine Mühsal und keine Tränen gibt. In Ewigkeit können wir wünschen und hoffen, aufeinander zu zu reifen und immer tiefer uns zu verwurzeln in dem gemeinsamen Grund der Liebe, die wir Gott nennen. Denn Langeweile schließt die Liebe aus, Müdigkeit und Herzensschwäche verträgt sich nicht mit ihrer Begeisterung, und der nie erlahmende Schwung des Glücks wird uns verbinden mit uns selber, miteinander und darin als sein Volk in Ewigkeit mit Gott.

Die absichtslose Güte

Am Anfang der Passionsgeschichte steht die kleine Erzählung von der Salbung Jesu in Betanien (Mt 26), eine der mutigsten Antworten auf die ewige Frage nach dem unübersehbaren Meer von Leid und Zerstörung in der Welt und eine der menschlichsten Antworten auf die Resignation gerade der Bemühten und Gutwilligen angesichts der Uferlosigkeit und der erdrückenden Übermächtigkeit der Nöte und Konflikte: des Krieges, des Hungers, der Armut, der Verzweiflung. Irgendwann hört ja bei einem jeden die Illusion der Pubertätszeit auf: daß man mit einem weltumspannenden Idealismus die Probleme der Menschheit nach der Art des tapferen Schneiderleins sozusagen mit einem Schlag erledigen könnte. Irgendwann kommt der Zeitpunkt, von dem an wir es uns abgewöhnen, mit Vorwürfen und Anschuldigungen die Welt verbessern zu wollen. Unvermeidbar aber bringt dies eine schwere Krise mit sich. Denn was vorher so einfach und klar schien, erweist sich nun als überaus kompliziert und vielschichtig. Je gerechter und objektiver man beginnt, die Dinge zu betrachten, desto mehr verliert man den Mut, noch etwas an ihnen zu ändern. Je mehr man beginnt, sie zu verstehen, als desto weitläufiger erscheinen sie, desto bescheidener und vorsichtiger wird man, desto begrenzter erscheint der Spielraum, innerhalb dessen ernsthafte Lösungen überhaupt diskutabel sind. Und desto mehr wird man schließlich überhaupt die Möglichkeit und Sinnhaftigkeit des Guten und der Güte in Frage stellen.

Man kann gegen dieses Gefühl äußerster Vergeblichkeit keine Argumente vorbringen. Vielleicht aber können wir ein Bild, nämlich die Erzählung von der Salbung Jesu in Betanien, dagegen halten. Sie berichtet (Mk 14,3–9) von einer geradezu absurd anmutenden, einer so ganz und gar vergeblichen Handlung der Liebe. Als Jesus zwei Tage vor seiner Kreuzigung mit seinen Jüngern als Eingeladener in Betanien ein Abendessen hielt, trat eine Frau zu ihm und salbte seinen Kopf mit einem kostbaren Öl. Das war wohl in der Antike nicht ungewöhnlich – aber nur bei feierlichen Anlässen, nicht bei einem so gewöhnlichen Gastmahl. Der Wert des vergossenen Öls wird als ungeheuer groß angegeben, fast den Jahresverdienst eines Arbeiters hat es gekostet, nach heutigem Geld etwa 20 000 bis 30 000 Mark. Die Jünger fragen mit Recht nach dem Nutzen, den das Tun dieser Frau haben soll; sie vergleichen gewiß mit achtbaren Gründen Aufwand und Ergebnis miteinander und schelten es Verschwendung. Und doch, meint Jesus, war diese Verschwendung nicht falsch. Er weist die Kritiker zurecht und verteidigt die unsinnige Handlungsweise der Frau. Es habe sich gelohnt, meint er, jenen Körper zu salben, der bald schon dem Tode übergeben wird . . .

Man kann den Text von der Salbung in Betanien nicht lesen, ohne über diesen wahnsinnigen Kontrast zu erschrecken: auf der einen Seite die sanften Hände einer Frau, die streicheln, pflegen und zärtlich sein möchten; auf der anderen Seite die rohe Gewalt und Zerstörung, die schon in wenigen Tagen eben diesen Leib in einen bloßen Gegenstand sadistischer Quälerei verwandeln werden; auf der einen Seite die fürsorgliche Güte, auf der anderen Seite die abgestumpfte, ungehemmte Grausamkeit, die scheinbar alles zerstört und sinnlos werden läßt, was die Frau getan hat.

Die biblische Erzählung behauptet jedoch, daß es nicht sinnlos und nicht falsch ist, alles an einen Menschen zu verschwenden, über dem schon das Todesurteil schwebt, und daß es gut ist, sich mit allem, was man hat, dem hinzugeben, was bestimmt ist, beseitigt zu werden. Die zärtliche Gebärde der Liebe wird nicht entwertet durch den erbarmungslosen Zugriff der Gewalt. Im Gegenteil: auf dem Hintergrund der Zerstörung leuchtet der Wert der absichtslosen Güte nur um so klarer auf, und jenes Denken, das sich nach Begriffen wie rentabel, effektiv, erfolgreich und dergleichen auszurichten sucht, wird als «unangemessen» bezeichnet.

Die Worte Jesu gehen sogar noch weiter. Mit einer verblüffenden Selbstverständlichkeit setzt Christus voraus, daß sich Probleme wie die Armut ohnedies nicht endgültig lösen lassen werden. «Arme habt ihr allezeit bei euch.» Es kommt zunächst offenbar gar nicht darauf an, in dieser Welt etwas lösen oder retten zu wollen; zuerst sollen wir absichtslos gut sein, und zwar zu dem besonders, der es am meisten braucht. Ein solcher Mensch ist Christus. «Sie hat mich gesalbt für mein Begräbnis.» Nichts vermag diese Frau daran zu ändern oder davon zu nehmen, daß es mit Christus diesen Weg nehmen wird. Aber keinerlei Resignation folgt für sie oder Christus daraus.

Man versteht diese Überzeugung der nicht zu tötenden Güte angesichts des Todes und der Gewalt eigentlich nur vom Gedanken der Auferstehung her. Würde der Körper, den die Frau salbt, *nur* zerstört und *nur* vernichtet, so wäre tatsächlich nicht einzusehen, was an ihrem Tun sinnvoll wäre. Die Vernichtung behielte letztlich das entscheidende Wort, und es wäre nur ein schwacher, ein allenfalls symbolischer Trost, der von der Zärtlichkeit der Frau ausgehen könnte. So aber wird das, was sie tut, durch den Tod im Grunde nicht zerstört.

Es gibt in dieser Welt wohl immer wieder den zerreißenden Kontrast von Helfen und Ohnmacht, von Güte und

Vernichtung, von Zärtlichkeit und Roheit. Die Ergebnislosigkeit der Güte ist weithin zu offensichtlich, als daß sie zu widerlegen wäre. Auch der Glaube ändert daran nichts. Aber gerade, weil es hier auf den Erfolg nicht ankommt, zeichnet sich Güte auf dem Hintergrund der ständig stärkeren Gewalt nur um so klarer ab. Die Frau von Betanien und ihre Tat wird nicht vergessen, meint der Herr, ihrer wird man in alle Ewigkeit gedenken. Wir dürfen mithin vor Gott das Gefühl haben, daß es sich lohnt, einfach zu tun, was uns gut erscheint, auch wenn wir damit nicht die Not der Welt beseitigen können. Das Tun dieser Frau ist zentral etwas, das zum Evangelium von Tod und Auferstehung Jesu mit dazugehört. Denn nur von dieser Art der Güte her wird man an Auferstehung glauben können, und nur vom Glauben an die Auferstehung her wird man in dieser Art der absichtslosen Güte fähig.

Vom ewigen und eigentlichen Leben

Das Evangelium vom Ostermorgen beschreibt beim Gang der Frauen zum Grab Auferstehung als die Fähigkeit, Grabmäler geöffnet zu sehen und an der Stelle des Todes das Leben. Es ist eine Erfahrung, die so alt ist und so tief verwurzelt in uns Menschen, daß vermutlich unser eigenes Bewußtsein, unsere Menschlichkeit selbst nie vermocht hätte, zu reifen und sich selber zu vollziehen, ohne daß wir gleichzeitig mit ihr das Vermögen entwickelt hätten, die Welt auch anders zu sehen als nur mit den irdischen Augen. Betrachten wir uns nur als Kinder dieser Welt, sind wir Verlorene. Je mehr wir zur eigenen Individualität erwachen, zum Wissen um die Schönheit und um die so bedrohte Größe unserer individuellen Existenz, um so mehr wächst auch die Verzweiflung. Lautete die letzte Auskunft über unser Dasein, wir wären nur dies, was wir sehen: flüchtig Zusammengefügtes, Schattenumhülltes, so wären die wenigen Jahre, die wir hier sind, nichts weiter als ein flüchtiger Traum, etwas Unwirkliches, Unbegreifbares, nichts mehr als eine Laune und ein Spiel der Natur.

Deswegen beginnt die symbolische Poesie über ein ewiges Leben der Menschen sehr früh schon und reicht so tief zurück, als wir in der Menschheitsgeschichte überhaupt nur Spuren sammeln können. Am klarsten, ausführlichsten und facettenreichsten liegt der Glaube an ein Leben jenseits des Todes ohne Zweifel in den Zeugnissen der alten Ägypter vor. Es ist ihre Sprache, die auch in das Christentum Eingang findet und aus der wir noch heute in vielen Zeichen und Riten leben. Es ist das erste Mal, daß sich so stark ein Vertrauen ausspricht, wir Menschen seien eigentlich gar nicht nur gefügt aus dem Staub der Erde, sondern wesentlich sonnenhaft. In uns buchstäblich atme das goldene Licht der Sonne am Himmel.

Was wir Auferstehung nennen, ist freilich noch etwas anderes, menschlich Verdichteteres, existentiell Aufgebrocheneres. Es sind die frühesten und die spätesten Formeln aus den Paulus-Briefen und später aus den Reden des Johannes, die einhellig die Auferstehung Jesu deuten als eine Veränderung unseres Lebens hier auf Erden schon. Es ist ja nicht so, daß Jesus den Glauben an ein Fortleben oder Weiterexistieren nach dem Tod *begründet* hätte. Er hat diese Zuversicht übernommen aus dem Erbe seiner Väter, aus großen Teilen des Judentums, die geradeso glaubten, und er hat selber diese Überzeugung verteidigt gegenüber den Sadduzäern. Viel wichtiger ist: Jesus *lebte* das Leben gegen den Tod, und er wollte nicht, daß wir damit erst beginnen könnten, wenn wir der Erde physisch abgestorben sind.

Die Frauen, die am Ostermorgen zum Grabe gehen, spüren, wieviel an Macht zum Leben von Jesus ausgeht. Von der Frau von Magdala wissen wir so gut wie nichts bis auf eine kleine Notiz im Lukas-Evangelium: sie sei besessen gewesen von sieben bösen Geistern. Diese Frau, die uns als erste die Botschaft der Auferstehung bringt, steht in einem gewissen Sinne stellvertretend für uns alle, die wir ausgeliefert sind bis zum Verlust unserer eigenen Persönlichkeit, bis zur Verlorenheit und Entfremdung. So muß sie es erfahren haben: daß es an der Seite des Mannes aus Nazaret wieder Worte gibt, um sich selber auszusprechen; und auf die Frage: Wer bist du? zu sagen: *Ich,* mit einem eigenen Namen, mit Worten, die stimmen, mit Inhalten, die gedacht sind vom eigenen Leben her, und daß der ewige Taumel der Lüge, die ewige Gebrochenheit der

Maskeraden, die ganze Artikulation verinnerlichten Zwangs hinweggehen kann wie ein Geisterzug von Besessenheit und Dämonie. Jesus muß diese Macht in sich getragen haben *durch sein Vertrauen in das Leben,* so sehr, daß die Auferstehung von dem Tod schon jetzt beginnen kann. Es ist so phantastisch, daß das Johannes-Evangelium in gewissem Sinne geschichtlich und historisch völlig recht hat, wenn es Jesus Worte in den Mund legt wie diejenigen bei der Auferweckung des Lazarus an Martha: «Dein Bruder wird auferstehen. Sie sagt: «Ich weiß, er wird auferstehen am Jüngsten Tage.» Das haben die Ägypter und die Juden auch gesagt; aber was «christlich» ist, setzt Jesus entgegen: «Ich *bin* die Auferstehung und das Leben, und wer an mich glaubt, wird nicht mehr den Tod kosten in Ewigkeit.» (Joh 11,23−25) Nichts steht in ferner Zukunft, sondern *heute* ist es möglich, mit dem Leben zu beginnen.

Dann allerdings muß man hinzufügen, daß der *Karfreitag* dieser Gruppe von Frauen, die als einzige unter dem Kreuz verharrten, trotz allem zeigen und bedeuten mußte, daß man auch diese Zuversicht zerstören kann, insbesondere dieses mutige Sprechen: «Wer an mich glaubt, wird den Tod nicht kosten.» Karfreitag war der Versuch, das begonnene neue Leben rasch wieder einzustampfen, damit es sich nicht ausbreitet, damit es nicht zu einem Flächenbrand voller Gefahren wird gegen die Ordnungen, gegen die Einrichtungen, gegen die Zwangsherrschaft, gegen alles, was totmacht und was wir fälschlich das sichere Leben nennen. Für die Frauen, die aushielten, starb in der Stunde von Golgota *alles.* Aber nur für den, dem mit Jesus alles stirbt, weil er ihm alles ist und alles bedeutet, gibt es keinen Tod mehr, der Macht hätte über das Leben. Wenn es danach noch weitergehen soll, dann dreht sich die Erde um, und nichts mehr stimmt von dem, was früher normal war. Alles, was bis dahin für fromm galt, erscheint plötzlich wie ein Verrat an Gott, all das, was Pflicht und Gebot war, erscheint jetzt wie zynisch und pervers, und es beginnt keimhaft jene ganz andere Erfahrung sich zu regen, daß die einfachen Worte des Mannes von Nazaret buchstäblich unsterblich sind.

Es ist, daß aus den Grabkammern die Jünglingsgestalt eines Engels zu reden beginnt – auf der rechten Seite, dort wo das Bewußtsein wohnt. Er verweist die Frauen zurück, woher sie kamen, nach Galiläa. Keines der Worte, an das sie geglaubt haben, keine der Taten, die sie vor sich sahen, ist ungeschehen, verloren oder widerlegt. Am allerwenigsten durch den Karfreitag und sicher nicht durch die Machenschaften der Henker. Es steht bei Gott, was Jesus war. Es ist das einzige, was uns leben läßt und was den Tod überdauert ...

Nachweis der Erstveröffentlichungen

Sich selbst als Person verstehen lernen

Im Wort Gottes gehalten, in: Christ in der Gegenwart 39 (3/18. 1. 1987) 17–18.
Im Anfang war das Wort, in: CiG 39 (1/4. 1. 1987) 1–2.
Beim Namen gerufen, in: CiG 39 (2/11. 1. 1987) 9–10.
Geist und Sprache, in: CiG 37 (21/26. 5. 1985) 169–170.
Die Tür des Verstehens, in: CiG 33 (19/10. 5. 1981) 153.

Sein Leben als etwas Göttliches sehen lernen

Kommt alle zu mir, in: CiG 39 (27/5. 7. 1987) 217–218.
Der Weg zum Heil, in: CiG 33 (50/13. 12. 1981) 409.
Das Kind und die Mutter, in: CiG 33 (51/20. 12. 1981) 417–418.

Verwandelt werden in den Grund unseres Daseins

Der Weinstock und die Reben, in: CiG 40 (18/1. 5. 1988) 145–146.
Wir haben nichts, in: CiG 36 (19/6. 5. 1984) 153–154.
Das Wunder der Verwandlung, in: CiG 40 (1/3. 1. 1988) 1–2.

Den Reichtum des Lebens entdecken

Die Übung der Gnade, in: CiG 38 (4/26. 1. 1986) 25–26.
Das Kind auf den Armen, in: CiG 38 (2. 2. 1986) 33–34.
Das Wunder am See, in: CiG 38 (6/9. 2. 1986) 41–42.

Als Gesegnete mit allen im Einklang leben

Auf der Suche, in: CiG 33 (20/17. 5. 1981) 161.
Propheten und Priester, in: CiG 34 (31/1. 8. 1982) 249.
Tempelfriede und Herzensfriede, in: CiG 34 (32/8. 5. 1982) 257.
Priester und Prophet, in: CiG 40 (3/18. 1. 1988) 17–18.

Dankbar sein für das Gute in all seinen Formen

Vom Unkraut im Weizen (1), in: CiG 39 (28/12. 7. 1987) 225–226.
Das Grundgesetz menschlichen Handelns, veröffentlicht unter dem Titel: Vom Unkraut im Weizen (2), in: CiG 39 (29/19. 7. 1987) 233–234.
Drei Weisen des Göttlichen, in: CiG 37 (22/2. 6. 1985) 177–178.

Vergeben, weil mir vergeben worden ist

Vergebung und Verklärung, in: CiG 36 (18/29. 4. 1984) 145.
Jesus und die Sünderin, in: CiG 35 (39/25. 9. 1983) 313–314.
Wie der Himmel sich öffnet, in: CiG 33 (49/6. 12. 1981) 401–402.
Welchen ihr die Sünden vergebt, in: CiG 41 (2. 4. 1989).

Gott erwartet, daß wir nicht halbherzig leben

Was uns Zukunft gibt, in: CiG 33 (48/29. 11. 1981) 393.
Der ungerechte Richter, in: CiG 32 (42/19. 10. 1980) 345–346.
Die Haut, in: CiG 32 (41/12. 10. 1980) 329.
Unwürdige Knechte?, in: CiG 32 (40/5. 10. 1980) 321.
Judas, Kaiphas, Pilatus, wir, in: CiG 34 (14/4. 4. 1982) 113.
Das nicht-gelebte Leben, in: CiG 40 (2/10. 1. 1988) 9–10.

Den Blick aus dem Tod ins Leben richten

Es ist vollbracht, in: CiG 41 (12/19. 3. 1989) 89–90.
Zeichen des Todes und des Lebens, in: CiG 34 (13/28. 3. 1982) 105–106.
Fragen an Maria Magdalena, in: CiG 34 (15/11. 4. 1982) 121.
Die Gräber und die Sterne, in: CiG 37 (20/19. 5. 1985) 161–162.

Die Liebe versöhnt mit dem Tod

Von Liebe und Unsterblichkeit, in: CiG 36 (48/25. 11. 1984) 393–394.
Die heiligen und die armen Seelen, in: CiG 36 (46/11. 11. 1984) 377–378.
Das Zeugnis der Liebe, in: CiG 41 (16/9. 4. 1989) 121–122.

Die Wundmale, in: CiG 33 (17/26. 4. 1981) 137–138.

Volkstrauertag, in: CiG 36 (47/18. 11. 1984) 385–386.

Das himmlische Jerusalem, in: CiG 35 (38/18. 9. 1983) 305.

Die absichtslose Güte, in: CiG 34 (12/21. 3. 1982) 97.

Vom ewigen und eigentlichen Leben, in: CiG 41 (13/26. 3. 1989) 105–106.

*Es geht keine Zeit verloren,
denn Zeit ist immer ein Geschenk*

Eugen Drewermann

Zeitreisen – Reisezeiten

96 Seiten mit 24 Farbtafeln
Gebunden

Die Zeit erleben wir als Begrenzung, als Anfang
und Ende. Doch scheint die eigentliche Wirklichkeit keine Grenze zu haben. Vielfache hoch-
interessante Erlebnisse in Europa, Afghanistan,
Indien und Ägypten brachten dem Autor die
Erfahrung und Einsicht, daß die Zeit tatsächlich
nur ein Teil von Ewigkeit ist.

WALTER-VERLAG

Eugen Drewermann
im dtv

Foto: Klaus Bäulke

Kleriker
Die schonungslose Analyse des
inneren Zustandes der katho-
lischen Kirche deckt deren
psychische Strukturen und
unbewußte Hintergründe auf.
dtv 30010

**Tiefenpsychologie und
Exegese 1**
Die Wahrheit der Formen
Traum, Mythos, Märchen,
Sage und Legende
dtv 30376

**Tiefenpsychologie und
Exegese 2**
Die Wahrheit der Werke
und der Worte
Wunder, Vision, Weissagung,
Apokalypse, Geschichte,
Gleichnis
dtv 30377

Worum es eigentlich geht
Briefe, Dokumente, Gespräche
Ein unverzichtbares Protokoll
zum »Fall Drewermann«
dtv 30404

**»Ich steige hinab
in die Barke der Sonne«**
Meditationen zu Tod und
Auferstehung
Ein Querschnitt durch die
abendländische Literatur-,
Geistes- und Religionsgeschichte.
dtv 30437

**Giordano Bruno
oder Der Spiegel des
Unendlichen**
Die letzten Tage des großen ita-
lienischen Denkers und Dichters,
der im Jahre 1600 in Rom
als »Ketzer« verbrannt wurde.
dtv 30465

Was uns die Zukunft gibt
Meditationen über biblische
Texte vermitteln tiefe Einsichten
in unser Dasein und geben
Anregungen zu einem erfüllten
Leben.
dtv 30502

**Lieb Schwesterlein,
laß mich herein**
dtv 35050

**Rapunzel, Rapunzel,
laß dein Haar herunter**
dtv 35056
Grimms Märchen tiefen-
psychologisch gedeutet